中华优秀传统文化
融入政德教育

山东济宁政德教育干部学院　编

齊魯書社

·济南·

图书在版编目（CIP）数据

中华优秀传统文化融入政德教育 / 山东济宁政德教育干部学院编. -- 济南：齐鲁书社, 2024. 12.

ISBN 978-7-5333-5100-7

Ⅰ. D630.3

中国国家版本馆CIP数据核字第2024QV1923号

责任编辑　张敏敏　李　珂　曹新月

装帧设计　刘羽珂

中华优秀传统文化融入政德教育

ZHONGHUA YOUXIU CHUANTONG WENHUA RONGRU ZHENGDE JIAOYU

山东济宁政德教育干部学院　编

主管单位　山东出版传媒股份有限公司

出版发行　齐鲁书社

社　　址　济南市市中区舜耕路517号

邮　　编　250003

网　　址　www.qlss.com.cn

电子邮箱　qilupress@126.com

营销中心　（0531）82098521　82098519　82098517

印　　刷　山东成信彩印有限公司

开　　本　720mm×1020mm　1/16

印　　张　13.25

插　　页　4

字　　数　197千

版　　次　2024年12月第1版

印　　次　2024年12月第1次印刷

标准书号　ISBN 978-7-5333-5100-7

定　　价　60.00元

《中华优秀传统文化融入政德教育》
编写人员

主　　编：陈　冲　　白占德

副 主 编：胡亚军　　种淑娴

文稿编辑：胡　宾　　封　斌　　郝金金

梁桂雪　　汪亚洲　　孔繁鹏

黄　云　　张玉宝

目 录

绪 论

历史和现实昭示：中华优秀传统文化任何时候都是中国共产党政德建设的重要土壤。政德教育是政德建设的重要一环。具有中国特色的政德教育离不开对中华优秀传统文化的继承和发扬。坚持时代性与传统性的辩证统一，是研究新时代政德教育、汲取中华优秀传统文化的致思起点。从文化传承的历史视角来说，中华优秀传统文化中的政德教育资源，是我们对领导干部进行政德教育不可或缺的资源。从解决现实中存在的政德缺失问题的角度来说，从中华优秀传统文化中汲取营养，对提升新时代领导干部明大德、守公德、严私德的从政道德境界具有重要意义。从领导干部价值实现的角度来说，以中华优秀传统文化来涵养为政之德，是履职尽责、创造政绩的应有之义和重要基础。

中国共产党政德教育的理论和文化资源，除了马克思主义（包括当代中国马克思主义），最重要的莫过于以儒家思想为核心的中华传统文化。从中华优秀传统文化中汲取营养，对提升新时代领导干部的政德境界具有重要作用。传统政德思想是一个具有丰富内涵的思想理论体系。这种思想体系穿越千年的历史风烟，在新时代呈现出强大的适应性。深入挖掘中华优秀传统文化中的政德资源，开展政德教育，可为解决干部政德失范问题提供方案。当前党员干部的政德教育成效明显，但也存在规律性把握不足、层次性体现不够、教育资源系统性缺乏、教育方法知行脱节、组织制度保障缺乏等问题。政德教育的与时俱进性、时效性以及理论创新与发展，迫切要求推进政德教育科学化。必须以科学的认识为前提，把握政德教育的规律性；以科学的规划为依托，突出政德教育的系统性；以科学的方法为支撑，体现政德教育的生动性；以科学的机制为保障，增强政德教育的长效性。

济宁市是儒家文化发源地，是孔子、颜子、曾子、子思子、孟子五大圣人的故乡。济宁市发挥资源优势，用中华优秀传统文化涵养政德教育，创建了山东济宁政德教育干部学院。学院在教育内容上，确立了讲深讲透“立政德，就要明大德、守公德、严私德”的核心任务；在教学体系上，形成了课堂教学、现场教学、体验教学、礼乐教学等多元一体的教学模式；在教学科研上，强化了“四个资源”的统筹整合，培训效果显著，具有制度化、程序化、规范化的成熟培训模式以及可供借鉴的成功经验。

展望未来，新时代政德教育要深深植根于中华民族五千多年的深厚文明积淀，从中华优秀传统文化中汲取智慧和灵感。我们要把古人的政德思想同新时代涵养政德修养的实践密切结合起来，为提升新时代政德教育科学化水平注入活力。

一、研究意义、国内外研究现状

（一）研究意义

为进一步凸显中华优秀传统文化在中国共产党干部教育中的地位和作用，本书以社会、历史、思想的视角，从宏观和微观层面揭示中国共产党各阶段政德教育的传统文化基础，深入探讨其在中国共产党政德教育中发挥独特作用的深层原因，剖析中国共产党政德教育在内容和方式上对传统文化的具体吸收和转化情况，在此基础上对中国共产党政德教

育成功原因作出文化阐释，提出未来政德教育的发展方向，力求推进中华优秀传统文化的创造性转化和创新性发展，助力构筑新时代政德教育的系统理论，加深我国治国理政理念中传统道德文化的底蕴。

为凸显中华优秀传统文化在实现中华民族伟大复兴中国梦进程中的重要作用，本书旨在探析以中华优秀传统文化为基础的政德教育的实现途径、机制等，既有利于提高领导干部的从政道德水平，拓展新时代政德建设的实践路径，推进国家治理能力现代化，又有助于推动形成高素质的干部队伍，推动全面从严治党向纵深发展。同时，在意识形态领域的论争相当激烈、以儒学为核心的传统文化热方兴未艾的大背景下，研究政德教育有助于做好与传统文化相结合这篇大文章，事关党和国家未来发展的方向。

（二）国内外研究现状

国内学术界非常关注传统文化和干部道德教育问题，研究成果丰硕。从研究内容上看，“领导干部政德教育”的相关研究较多，而专门从借力传统文化涵养干部政德方面进行的理论研究较少。

关于中华优秀传统文化对政德教育的影响与意义研究。习近平总书记肯定了中华优秀传统文化对干部队伍建设的意义，认为“我们党善于继承人类一切优秀历史文化遗产，并立足现实，着眼于古代德治思想的当代阐释”。习近平总书记从中华优秀传统文化中汲取养分，为党员干部标出了修身立德的制高点。王荣指出，构建当代政德文化断不能抛开中国传统道德精神，它应该是传统政德基础上的“返本和开新”，传统理论创新要始终服务于当代政德建设。李书群认为，运用优秀传统文化加强领导干部教育，对领导干部修身立德、提高依法执政与依法行政能力有积极的作用。郦波、曹德本、李勇刚、黄延敏、史庆春、杨东奇、史常秀、宋世杰、方世南一致认为，中华优秀传统文化是领导干部政德建设的重要资源，要用优秀传统文化涵养政德。何爱霞认为，中华优秀传统文化是干部教育培训的重要内容。鄯爱红强调了中国传统政德修养中的心理机制和道德的领导功能，认为政德建设离不开传统的政治道德文化。章燕认为，只有深入理解中华优秀传统文化的丰富内涵及将其引入干部教育培训课堂的重要性，才能真正领悟中华优秀传统文化在干部教育培训课堂中的价值。曾艳红、赵颖、阮冬梅深入阐释了传统文化中的道德精髓、德治思想及其对领导干部政德教育的启示。刘余莉提炼了《群书治要》蕴藏的政德思想及其对领导干部政德教育的影响。

关于中华优秀传统文化融入政德教育的历史考察研究。唐正芒与徐功献、于瑶与于明奎、宁娜与李毅弘、洪向华与张杨，分别论述了延安时期、新中国成立以来、改革开放以来、当前和今后一个时期等不同阶段的政德建设汲取中华优秀传统文化的情况。

关于中华优秀传统文化融入政德教育的路径研究。学界主要从理论和实践两个层面展开。理论研究方面：闫竑羽、张科峰认为，要以深明大德为根本遵循，以谨守公德为有力保障，以严立私德为核心动力。尹杰钦认为需要借助中国传统道德素质建构新时期领导干部道德学，以提升党员干部的道德观。孔凡萍认为，作为新时代的党员干部，要自觉地从中华优秀传统文化中汲取思想精华和道德精髓，更好地锤炼党性、固本培元、正心明道、涵养政德。张波、丁晓洋从宏观角度探寻现代政治文化的属性与内涵，试图构建起现代政治文化与干部政德建设的内在逻辑，认为政德建设推进并丰富着现代政治文化的内核。张广男深入探讨了优秀传统政德融入领导干部政德建设的必然性、内容、原则和路径等。周海生认为,《尚书》是中国政德教育的主要源头。实践层面的研究，主

要体现在全国各地尤其是历史文化名城，利用传统文化优势展开政德教育的实践研究。何爱霞从理论与实践的角度论述了曲阜市立足优秀传统文化的地域优势，探索出用优秀传统文化涵养干部政德的新模式，为推进中华优秀传统文化融入政德教育提供了重要实践经验。中共中央党校党建部课题组论述了河北省沧县政德建设的实践。马来平提出了在欧阳生故里高青县唐坊镇建设全国《尚书》政德文化教育基地的若干设想。

国外学术界对“中华优秀传统文化融入政德教育”的研究甚少。但是他们对以儒家思想为主要内容的中国传统文化、德治思想等比较感兴趣。

可以说，关于中华优秀传统文化与政德教育的研究已经取得了丰硕成果，但依然存在一些薄弱环节：一是对中华优秀传统文化融入政德教育的可能性、可行性、内容的契合度、现代转化等，缺乏系统性分析。很多文献侧重于探讨中华优秀传统文化融入政德教育路径的具体实践，缺乏系统的路径方法论研究。二是横向研究较多，纵向研究少。对中国历代政德教育运用传统文化情况的研究较少，对中国共产党将中华优秀传统文化融入政德教育的优良传统和历史经验的归纳和总结鲜有。三是表层研究多，深入研究少。对中华优秀传统文化融入政德教育的深度和广度的研究少，还存在极大的探索空间。四是对政德教育的实效性、政德建设的规律、干部政德养成规律等缺乏科学分析。

在未来的研究中，可以从以下方面着手做进一步探讨：动态地爬梳政德教育历史，揭示中华优秀传统文化融入政德教育的必要性；静态地分析中华优秀传统文化与政德教育的会通性，揭示中华优秀传统文化融入政德教育的合理性；探索研究新时代中华优秀传统文化融入政德教育的路径；同时对典型案例（尤其是山东省创新实践案例）进行实证研究，探讨中华优秀传统文化在政德教育过程中发挥的独特作用，并对未来做出展望等。

二、研究内容与研究思路

（一）研究内容

本书围绕中华优秀传统文化融入政德教育这一论题，从以下几个方面展开论述。

1. 中华优秀传统文化与政德教育的关系

何为中华优秀传统文化？何为政德？它们具有怎样的特点和作用？马克思主义与中华优秀传统文化的区别与联系是什么？政德教育的特点、规律、标准、主体、客体、机理、方法、文化资源是什么？干部教育相关规章制度是怎样发展完善的？厘清这些问题是本书进行研究的逻辑起点和前提。

分析中华优秀传统文化融入政德教育的可能性与可行性。提炼概括中华优秀传统文化包含的传统政德资源，以联系融合的视角对传统政德资源进行整体性研究，分析其与中国共产党政德教育的相融相通性，揭示中华优秀传统文化是政德教育的重要文化资源和基础。

2. 中华优秀传统文化融入政德教育的历程

动态地考察中国共产党对传统文化的态度和政策，爬梳用马克思主义激活中华优秀传统文化助力政德教育的历史进程，揭示中华优秀传统文化是当今政德教育的重要资源。

3. 中华优秀传统文化融入政德教育的实证研究

对山东省济宁市以“弘扬优秀传统文化，涵养干部为政之德”为主题的创新实践进行个案细化研究。分析中华优秀传统文化在山东省政德教育中的应用，总结中华优秀传统文化融入政德教育的成效和经验。

4. 传统文化视域下政德教育的基本经验、路径方法与未来趋向

从组织层面对政德教育的成效、评价与考核等进行系统性研究。在促进中华优秀传统文化融入政德教育的过程中，要科学把握好中华优秀传统文化与马克思主义的关系。两者的功能如何定位、作用如何发挥、互动如何实现？这些都需要进一步研究。

研究重点有三个：一是对中国共产党各阶段开展政德教育情况的归纳与总结分析。二是分析中华优秀传统文化与政德教育的关系。三是中华优秀传统文化融入政德教育的路径与方法。

研究难点有两个：一是中华优秀传统文化融入政德教育何以可能。二是中国共产党对传统文化的态度变化。

（二）研究思路

1. 基本思路

着重对中国共产党政德教育的传统文化向度进行研究，以干部政德建设为研究主题，以中华优秀传统文化为研究的切入点，围绕“中华优秀传统文化融入政德教育”这条主线开展。首先，静态地分析政德教育与中华优秀传统文化的基本关系，阐述政德教育在哪些方面体现、继承、运用了中华优秀传统文化。这是研究的基础。其次，动态地考察中华优秀传统文化融入政德教育的历史进程，证明中国共产党的政德教育植根于中华优秀传统文化的丰沃土壤中，这是本书研究的重要部分。再次，通过山东省政德教育实践之实证研究，探讨中华优秀传统文化在政德教育过程中的独特作用。这是个案研究的深化。最后，从塑造高素质干部队伍的现实需要，揭示政德教育在继承和发展中华优秀传统文化方面的经验教训、未来趋势、当代意义，提炼新时代政德教育的路径方法。这是本书研究的落脚点。

2. 研究方法

文献研究法。梳理政德教育和传统文化的相关学术成果，以第一手材料为基准，深入细致地进行研究。

发生学方法。系统、客观地梳理中国历史尤其是中国共产党建党以来各时期的政德教育基本情况，揭示中国共产党的政德教育植根于中华优秀传统文化的丰沃土壤中这一客观现实。

系统分析法。把政德教育视为一个系统，围绕“中华优秀传统文化融入政德教育”这一主题，从主体、客体、管理、制度等多个方面展开研究。

案例分析法。对儒家思想的发源地——山东省发挥文化优势，开展政德教育培训的典型案例进行专题分析。

实地调研和访谈法。在山东曲阜、河北沧州等地实地调研，提炼总结各地运用中华优秀传统文化进行政德教育的思路和方法。

3. 特色和创新

科学性地分析政德教育与中华优秀传统文化的关系。学界有一些研究政德与传统文化的成果，但对二者的关系研究尚不够清晰。本书将系统分析中华优秀传统文化蕴含的政德思想，及其与新时代政德教育的相通性。

历史性地描述中国共产党的政德教育历程。本书力图通过对政德教育历史情况的考察，以动态的视角证明中华优秀传统文化是各时期政德教育的深厚土壤。

实证性地再现中华优秀传统文化融入政德教育的成功案例。以儒家思想的发源地——山东省发挥文化优势、开展政德教育培训的实践作为典型案例，进行专题考察。

社会性地分析中华优秀传统文化融入政德教育的机制与态势，对中华优秀传统文化融入政德教育的途径、经验教训、未来趋势等进行研究。

第一章
中华优秀传统文化与政德教育

悠久深厚的中华传统文化是中华民族在与自然界长期相互作用、相互依存的过程中产生并沿袭发展的、具有稳定形态的文化，它是中华民族得以兴旺繁衍的精神力量，有着特定的历史内涵、价值取向、生存方式，凝聚了中华民族自我认同的向心力。传统文化所蕴含的思维方式、价值观念、行为准则，一方面具有强烈的历史性、遗传性；另一方面又具有鲜活的现实性、变异性，它无时无刻不在影响着今天的中国人，为我们开创新文化提供历史的根据和现实的基础。[①]

文化建设是我们党历来十分重视的问题，党的十八大以来，习近平总书记多次调研传统文化保护传承，阐述弘扬优秀传统文化、保护历史文化遗产、坚定文化自信的重要性，并指出要推动中华优秀传统文化的创造性转化、创新性发展，以时代精神激活中华优秀传统文化的生命力。在推动文化繁荣、建设文化强国和中华民族现代文明的时代背景下，探究中华优秀传统文化融入政德教育的相关问题意义重大。探讨中

① 张岱年、方克立主编:《中国文化概论》，北京师范大学出版社 2004 年版，第 7 页。

华优秀传统文化融入政德教育，就是为了传承中华优秀传统文化中所蕴含的价值观、道德观、教育方法等，并结合当代党员、干部思想道德的现状，创新转化中华优秀传统文化，使之融入干部的思想道德教育中，促进具有鲜明时代特征的政德教育工作发展，推动中华优秀传统文化更好地为推进国家治理体系和治理能力现代化服务。

一、中华优秀传统文化

中华优秀传统文化是中华民族在漫长的演化发展历程中汇集而成的，其创造主体是中华民族，其内容反映中华民族的独特气质和精神风貌，具有鲜明民族质感，是中华民族语言习惯、文化传统、思想观念、情感认同的集中体现，具有独一无二的理念、智慧、气度和神韵，内蕴独特的道德理念、教化思想、哲学旨趣、人文精神等，是中国特色社会主义文化的源头之一，其中蕴含中华民族特有的思维模式、价值理想、审美意识和伦理观念等，为中华儿女构筑了精神家园。从中华优秀传统文化的概念、内涵、特征等方面着眼，揭示中华优秀传统文化的内涵，能够实现精准把握其实质并进行理性认识；从新时代政德教育的角度，运用其人文属性育人，使中华优秀传统文化焕发新的时代光彩。

（一）中华优秀传统文化的概念

我们若要了解中华优秀传统文化，需要对中国文化、中华文化、传统文化和中华传统文化等概念进行简单梳理。中国文化即中国的文化。中华民族是中国各民族组成的多元一体的共同体。在长期的发展过程中，中国各族的文化相互交融，共同构成丰富灿烂的中华民族文化。从历史来看，不能不承认，汉族文化在中华民族文化的发展过程中居于十分重要的地位。汉族文化曾经对各兄弟民族文化产生深刻的影响，但也

汲取过各兄弟民族文化的精髓。汉族和各兄弟民族之间有一个长期的文化交融过程。

从世界范围来看，中国文化有独立发展的体系和连续不断的发展过程。在这发展过程中，虽经常吸收外来文化的长处，但始终保持着自己的独立性，因而成为世界上一个独特的文化类型，影响及于海外，对世界文化作出巨大的贡献。颜炳罡在《中国文化特征及其“转化创新”的方式》中说：“中国文化是世界四大文明古国中唯一延续至今且依然保持旺盛生命力的文明形态。中国文化是以人为中心的文化，是中华民族的生活方式与生存智慧；中国文化将个人、家、国、天下乃至宇宙看作一个相互关联的有机整体系统，特别强调系统整体和谐，在展现方式上，体现了‘极高明而道中庸’‘人伦日用即道’的特点。”[①]

中华文化是从文化整体性角度讲的，体现中华民族共同文化特质。从构成上涵盖了物质文化、制度文化和思想文化等层面，思想文化是其核心，反映着中华文化的本质特征。中华文化的含义有三：其一，指中华传统文化尤其是中华优秀传统文化。其二，指由古至今传承不息的中华文化体系。如习近平总书记2016年在哲学社会科学工作座谈会上所讲：“绵延几千年的中华文化，是中国特色哲学社会科学成长发展的深厚基础。”其三，指体现中国风格、中国气派的民族文化形态，等同于“中华文明”，突出强调了文化主体性问题。“坚守中华文化立场”中的“中华文化”即为后两种含义的融合，是指中华文化不仅有着灿烂的历史，还会继续繁荣发展实现文化复兴这一动态概念。中华文化以中华优秀传统

---

① 颜炳罡：《中国文化特征及其“转化创新”的方式》，《社会科学战线》2017年第8期。

文化为根基，在中国共产党的带领下，以马克思主义为指导，激活优秀基因，在新民主主义革命时期、社会主义革命和建设时期、改革开放和社会主义现代化建设新时期的生产生活实践中，创生了革命文化和社会主义先进文化，三者共同影响着中国人的思考和处事方式，塑造着当代中国人的精神世界，熔铸着中国人的民族根魂。

所谓传统文化，是指“某种文明演化而汇集成的反映民族特质和风貌的民族文化。是民族历史上各种思想文化、观念形态的总体表征”。它包括了该民族的思想、信仰、艺术、习俗、宗教、教育等方面的内容，是一个民族或国家在长期的历史发展过程中形成的文化遗产。传统文化以民族认同的凝聚力为黏合剂，传承该民族的价值取向，影响该民族的思想、行为和生活方式。中华传统文化即中华民族在数千年发展过程中创造的、不断发展的、打上自身烙印的文化[①]。简单说，中华传统文化与当代文化和外来文化相对举，民族性和传统性是其区别于后两者的本质所在。这种民族性表现为中华民族在漫长的历史文化发展过程中融合、形成、发展的各种文化精神和观念形态，如风俗习惯、宗教信仰、文学艺术等。这种传统性表现为时间久远、代代相承、未曾断流，其基本精神熔铸在以儒家思想为主、儒释道三家思想精华共同构成的三位一体的基本框架之中，呈现出多元一体、内涵丰富的特征。

黑格尔曾说，传统并不仅仅是一个管家婆，只是把她所接受过来的忠实地保存着，然后毫不改变地保持着并传给后代。它也不像自然的过程那样，在它的形态和形式的无限变化与活动里，仍然永远保持其原始

---

① 李宗桂等:《中国优秀传统文化的现代价值》，人民出版社 2019 年版。

的规律，没有进步。[①] 传统文化中蕴含的价值理念、思维方式和行为准则等，既具有强烈的历史性、传承性，又具有鲜活的现实性、时代性，为我们开创新文化提供历史和现实支撑。中华优秀传统文化在过去很长时间里，深深影响着周边国家甚至世界文明进程，在人类文明进步过程中的贡献不可磨灭。学术界关于中华优秀传统文化的概念讨论，主要有两条路径，一是按照类别划分，二是按照内容厘定。

在类别划分方面，学界的观点相对集中，争议不大，总体上将其锁定在中国文化精神、中华民族精神、中国文化的人文精神等论域。学者们紧密围绕文化精神价值，透视中华优秀传统文化的内涵和特质。比较有代表性的观点，如张岱年认为，"刚健有为""和与中""崇德利用""天人协调"就是中国传统文化的基本精神之所在。[②] 也有学者认为，中华民族精神是"中华民族生存和发展中具有维系、协调和推动作用的一种活的精神力量"[③]，"中国传统文化的基本精神是以人文主义为内核的"[④]。这种人文精神融入中国人的生活全景，锻造出天人合德、以人为本、刚健有为、贵中尚和等价值观念。

按照内容进行厘定，多以列举方式概括和表述中华优秀传统文化，可谓见解繁杂，争议颇大。张岂之指出，会通精神、天人之学、和谐理念都是中华优秀传统文化，而人文精神是中华优秀传统文化的灵魂。[⑤] 此

---

① 黑格尔:《哲学史讲演录》，商务印书馆 1978 年版。

② 张岱年:《论中国文化的基本精神》,《中国文化研究集刊》第 1 期，复旦大学出版社 1984 年版。

③ 刘文英:《关于中华民族精神的几个问题》,《哲学研究》1991 年第 11 期。

④ 李宗桂:《中国文化概论》，中山大学出版社 1988 年版。

⑤ 张岂之:《张岂之谈中华优秀传统文化》，太白文艺出版社 2012 年版。

外，邵汉明认为，抓住中国文化当中的人本精神、和谐意识、道德意识、理想主义、实践品格、宽容品格、整体思维七个方面，就抓住了中国文化的精髓。[①] 另有个别学者认为，所谓中国优秀传统文化，就是中华民族长期发展过程中形成的、有着积极的历史作用、至今具有重要价值的思想文化。[②] 黄钊在《中华优秀传统文化概论》中指出，从精品文化成果来看，集中体现在专题文化方面，主要有哲理文化、道德文化、政治文化等十二大文化系列。[③] 他也在论述中阐明了在十二大文化系列中，哲理文化、道德文化、政治文化、文艺文化和科技文化值得格外重视，其中，哲理文化是中华优秀传统文化的“灵魂”，道德文化是中华优秀传统文化的“精髓”，科技文化是中华优秀传统文化的“智慧之果”。

以上对中华优秀传统文化内涵特质的揭示，多以举例和宏观概括的方式进行，为我们理解中华优秀传统文化的内涵提供了例证和参考，但是这种界定的凝练度显然还不够，没能清晰准确地反映出其边界、内在的民族基因意义和软实力意味。为此，本书认为，若要准确界定中华优秀传统文化的概念，首先需要确定“优秀”这一评价标准。对于不同立场的主体来说，优秀文化的标准自然不同。

而本书是站在马克思主义的立场，尤其是从马克思主义哲学的高度审视“优秀”这一文化评价标准。在这个问题的探讨上，张岱年先生在1957年的中国哲学史座谈会上曾提出很有见地的观点。他认为继承哲学遗产的基本标准是科学性和民主性。众所周知，科学性和民主性反映了

① 邵汉明主编:《中国文化精神》，商务印书馆2000年版。

② 李宗桂等:《中国优秀传统文化的现代价值》，人民出版社2019年版。

③ 黄钊主编:《中华优秀传统文化概论》，高等教育出版社2022年版。

文化促进社会发展进步、有利于人民群众的生产生活、服务于充盈人民群众的精神世界的先进属性。从科学性和民主性两个维度去萃取中华传统文化的精华，意味着中华传统文化中蕴含朴素唯物主义、朴素辩证法、朴素进步历史观等属性的思想资源，推而言之，遵循马克思主义哲学辩证唯物主义方法，整理中华传统文化资源，理当将民主性的标准提升到科学社会主义价值观的高度，并用科学社会主义价值观激活中华传统文化的思想资源。

在这一语境下，“优秀”的文化标准层次清晰明了：一个层次表明，中华传统文化中能够与辩证唯物主义相融通的思想资源成为中华优秀传统文化的构成部分；另一个层次表明，中华传统文化中能够与科学社会主义核心价值观高度契合的思想资源亦为中华优秀传统文化的构成部分。

前者是从辩证唯物主义角度透视中华传统文化，换言之，我们需要正面回答中国传统哲学中有无辩证唯物主义的问题。关于这个问题的回答，我们需要客观面对中国传统哲学，如《道德经》中蕴含丰富的辩证法思想，第二十五章中载：“有物混成，先天地生，寂兮廖兮，独立不改，周行而不殆，可以为天下母。吾不知其名，字之曰道，强为之名曰大。”《道德经》中具有这样的表述，我们不得不承认中国传统哲学确有深远的辩证思维传统，这也是对中国传统哲学中具有辩证唯物主义思想的有力回应。

关于中华传统文化中是否存有与科学社会主义价值观同频共振的思想资源问题，习近平给予了具有极强针对性的回答。习近平在多次讲话（如 2014 年 5 月 4 日在北京大学师生座谈会上的讲话、2014 年 9 月在纪念孔子诞辰 2565 周年国际学术研讨会上的讲话）中深入阐释了中华优秀传统文化同社会主义价值观的联系。而且，党的二十大报告指出：“坚持和发展马克思主义，必须同中华优秀传统文化相结合。只有植根本国、本民族历史文化沃土，马克思主义真理之树才能根深叶茂。中华优秀传统文化源远流长、博大精深，是中华文明的智慧结晶，其中蕴含的天下为公、民为邦本、为政以德、革故鼎新、任人唯贤、天人合一、自强不息、厚德载物、讲信修睦、亲仁善邻等，是中国人民在长期生产生活中积累的宇宙观、天下观、社会观、道德观的重要体现，同科学社会主义价值观主张具有高度契合性。”所以，本书对中华优秀传统文化的概念界定是主要依据习近平对其所作的精准阐发和科学论断，在收集、梳理和分析的基础上整合而成的，即中华优秀传统文化是中华传统文化中的精华部分，有利于推动当代社会发展和进步、长期发挥正能量的文化。其内蕴丰富的哲学思想、人文精神、教化思想、道德理念等，其文化精神跨越时空、超越国度、富有永恒魅力、具有当代价值；其内容主要是以儒家文化为主干的、注重道德教化的“德性文化”或曰“伦理型”文化，主要由哲学理念、人文精神和传统美德组成。

（二）中华优秀传统文化的内涵

仅从概念上理解中华优秀传统文化略显抽象，其内涵需要从价值判定标准和时代新坐标两个向度加以解读。一方面，对其进行价值尺度论定，有利于从历时态深入理解区分传统文化的精华与糟粕，从传统文化中更精准地萃取中华优秀传统文化；另一方面，对其进行时代新坐标的阐释，有利于从共时态探究“第二个结合”背景下中华优秀传统文化的崭新形态。

1. 衡量中华优秀传统文化的价值标准

明确衡量中华优秀传统文化的价值尺度，是深入理解中华优秀传统文化概念的前提。学术界关于文化评价的标准开展了许多有建设性的探

讨。其中，邵汉明认为，政治标准是求善，科学标准是求真，艺术标准是求美，三者结合是真善美的统一。[①]遗憾的是，这个标准针对性不强，仍然需要进一步拓展与升华。李宗桂从四个方面建构了评价标准，即能够反映中华文化的积极作用、引领精神提升；能够鼓舞人心、激发凝聚民族情感；能够体现继承性和稳定性；能够活化传承、拥有现实力量。另有学者提出，衡量中华优秀传统文化的标准是当代中国的社会实践。[②]刘奇葆更为直接地讲道："无论是继承还是创新传统文化，都要突出实践标准。"[③]把能否解决今日中国的问题、能否回应时代之问、能否推动社会进步发展作为检验标准。

综合习近平诸多讲话内容和上述观点，可以明确中华优秀传统文化的八条价值标准：第一，满足时代之需；第二，推动社会发展；第三，坚持实践导向；第四，增进文化认同；第五，促进民族团结；第六，建立精神支撑；第七，助力民族复兴；第八，增益世界文明。这八条价值标准贯穿于中华文明与世界文明交汇的全过程。坚定走和平发展道路是我们一贯的主张，中国在同世界各国交往中，始终平等相待，秉持和而不同的理念，增进互信，共同发展。我们可以通过对中华优秀传统文化的阐述，弘扬其和合共生的精神主张、以和为贵的文化品质，共建共享人类文明新形态。

我们之所以提出以上八条评价标准，是为了在体量庞大的中华传统

---

① 邵汉明主编:《中国文化研究 30 年》(中卷)，人民出版社 2009 年版。

② 杨翰卿:《中国优秀传统文化和哲学资源的当代开发利用》,《学习论坛》2000 年第 2 期。

③ 刘奇葆:《坚定文化自信　传承中华文脉》,《求是》2017 年第 8 期。

文化中区分出哪些内容是优秀的，可以实现转化创新，服务和作用于中国特色社会主义文化建设、服务于思想政治教育，推动社会发展进步与人的自由全面发展。与此同时，我们要注意，上述八条评价标准不是随意组合的，其间有着严密的逻辑关系，彼此相辅相成，共同构成衡量中华优秀传统文化的价值标准。文化的实践性是检验其价值的试金石。[①]在实践运用层面，我们不能求全责备、以偏概全，以八条标准去框定中华传统文化中的某个内容，而应当采取实事求是、客观礼敬、联系发展的态度。若能全部符合八条标准固然好，哪怕仅符合其中一条，我们也要采取审慎的态度，挖掘其中的优秀文化基因进行深度阐扬。

2. 中华优秀传统文化的新坐标

党的十八大以来，习近平总书记躬身推动中华优秀传统文化与马克思主义基本原理相结合，推动中华优秀传统文化“两创”发展，并通过传承发展好中华优秀传统文化，进一步铸魂育人。中华优秀传统文化的时代价值在马克思主义中国化进程中日益得到彰显，在治国理政、服务发展、启迪民智和走向世界舞台、为世界提供中国方案等方面都发挥了重要作用，为实现中华民族伟大复兴提供着源源不断的精神动力，融历史厚重感与鲜活时代感于一体，为中国人培根铸魂提供着源源不断的精神养料。中华优秀传统文化植根中国人灵魂深处，启迪着我们的智慧，塑造着我们的品格，提振着我们的士气，支撑着我们走向世界、走向未来。

第一，中华优秀传统文化是中华儿女共有精神家园。党的十七届六中全会通过的《中共中央关于深化文化体制改革推动社会主义文化大发展大繁荣若干重大问题的决定》表明，优秀传统文化是建设中华民族共

① 李宗桂等:《中国优秀传统文化的现代价值》，人民出版社 2019 年版。

有精神家园的重要支撑。中华优秀传统文化民族基因不仅贮藏在文物里、古籍里，还流淌在中国人的血液里，厚植于中国人的内心深处，规范着中国人的生活伦常。中华儿女在长期同自然灾害等各种灾难斗争中，都会从中华优秀传统文化当中汲取养分，滋养精神世界，镌刻精神图腾。

第二，中华优秀传统文化是中华民族的根和魂。中华民族在几千年历史中创造和延续的中华优秀传统文化，是中华民族的根和魂。中华民族立足于优秀传统文化，运用中华优秀传统文化铸魂，彰显了中华文化的内生动力。其优秀基因生发的创新性和强大自我修复能力，使其能够克服各种风险挑战、凝聚各方共识，历经千难万阻传承不息，抵御强权外敌、战胜各种艰苦磨难，在危难之际焕发勃勃生机，实现永续发展。中华优秀传统文化具有凝聚民众共识的内吸力，具有开拓进取的外张力，能够融农耕、游牧等众多民族于一体，并在中国共产党的旗帜引领下融入中国式现代化，必将在文化强国的征程上绽放更加耀眼的光芒。

第三，中华优秀传统文化是中国特色社会主义文化的源泉。党的十九大报告指出："中国特色社会主义文化，源自于中华民族五千多年文明历史所孕育的中华优秀传统文化。"一方面，中国特色社会主义文化需要深深植根于中华优秀传统文化之中，汲取有益养分；另一方面，中国特色社会主义文化引领着中华优秀传统文化的发展方向。中华优秀传统文化需要马克思主义激活其优秀基因，需要从马克思主义立场进行萃取和提升，并结合新时代的要求，因新人发展之需而化，因社会进步之需而化，因文化强国建设之需而化。中华优秀传统文化传承五千年而屹立不倒，其内涵十分丰富，其蕴含的很多积极思想含有社会主义的因素，与马克思主义有许多共通之处。马克思主义在中国的传播与发展，根本原因在于其基本原理是颠扑不破的真理。同时，我们应看到，马克思主义与中华优秀传统文化具有某些契合性，在很多元素上与中华优秀传统文化所倡导的核心思想理念有异曲同工之妙。中国特色社会主义文化源于中华优秀传统文化，因此我们必须精心守护好中华优秀传统文化根脉、筑牢文化根基。中国特色社会主义文化失去中华优秀传统文化的润泽，就容易成为无本之木、无源之水。中华民族创造了源远流长的中华文化，中华民族也一定能够创造出中华文化新的辉煌。我们的民族凭借着优秀传统文化走到今天，也必将在文化强国建设的路上创造新辉煌、续写新华章、谱写新篇章。

第四，中华优秀传统文化是深厚的文化软实力。美国学者约瑟夫·奈提出的“文化软实力”命题，在国际社会引起了深远反响。文化软实力是在传统综合国力竞争语境下的新增变量，旨在表明当今时代国与国的竞争，除了传统军事实力、经济实力等硬实力竞争，还体现在以文化竞争为主的软实力竞争上。文化软实力在新的国际社会发展环境下发挥着极为重要的作用。中国共产党高度重视文化软实力，从战略高度部署文化软实力的建设发展，并已经取得一定实效。党的十八大以来，习近平总书记多次指明中华优秀传统文化是我国最深厚的文化软实力，是坚定文化自信的重要基础。中华优秀传统文化在提升中国文化软实力方面有重要价值。面对日益复杂的国际发展局面，在全球化背景下保持自身发展的独特优势和定力，对每个国家来说都是一项重大考验。中国特色社会主义事业发展前景光明，但是道路异常曲折，西方反华势力从未停止对我国发展的阻挠和破坏，试图在意识形态领域对我国进行西化和分化，进而抑制中国的发展和进步，就此开展了一系列渗透和颠覆活动，对时代新人产生了不良影响。为了捍卫我国意识形态领域的安全，我国需要自觉加强文化软实力建设。中华优秀传统文化在增强文化软实力方面，有两大独特优势：一是中华优秀传统文化极具内在张力，包容

性极强，这有利于其吸收积极有益的外来文化为我所用，增强时代新人的文化自觉，坚定文化自信；二是富有全人类共同价值，有利于国际传播。我们应当积极弘扬、传播中华优秀传统文化，让更多外国人了解中国，认识到我们民族自始至终热爱和平、珍惜发展，愿意与其他国家共享发展成果。我们应注重在加强文化交流和对话中增强话语权，从而达到维护国家文化安全、意识形态领域安全的主动发展战略目标。此外，我们还应当意识到，提升文化软实力有利于充分发挥中华优秀传统文化的育人功能，切实凝聚时代新人的爱国情怀，激励其奋发进取、主动维护国家安全和利益。

（三）中华优秀传统文化的特征

2023 年 6 月，习近平总书记在文化传承发展座谈会上的讲话中指出："中华优秀传统文化有很多重要元素，比如，天下为公、天下大同的社会理想，民为邦本、为政以德的治理思想，九州共贯、多元一体的大一统传统，修齐治平、兴亡有责的家国情怀，厚德载物、明德弘道的精神追求，富民厚生、义利兼顾的经济伦理，天人合一、万物并育的生态理念，实事求是、知行合一的哲学思想，执两用中、守中致和的思维方法，讲信修睦、亲仁善邻的交往之道等，共同塑造出中华文明的突出特性。"为了更好更准确地认识和理解中华优秀传统文化，我们需要提炼出中华优秀传统文化的总体特征。

1. 颇具特色的民族性

从中华优秀传统文化生成、发展的历史脉络来看，它是中国人创造的，具有独特的中国风格和中国气派，是长期以来在不断满足中国人民精神需要和自身文化发展需求中形成的。中华优秀传统文化的内容，更适合中国人民和中华民族安身立命的需要。中华优秀传统文化灌注着以爱国主义为核心的民族精神，具有深沉的民族禀赋。张岱年先生曾经讲过，每个国家在政治上是独立的，在文化上也是独立的，各民族应保持自己民族文化的特色。中华优秀传统文化独有的传播形式和样态，更适合中国人的文化心理需要，更容易被中国人民接受与传承。

2. 独具魅力的和谐性

中华优秀传统文化具有和谐性，从产生之初就深深关注人与人的关系，注重“天人合一”的和谐理念。中华传统文化同西方的早期文化有着明显区别。古希腊文化立足人与自然的关系而展开了真理精神的探索之旅，它直接关注的是这个世界从哪里来，人类如何能够征服自然，人类如何能够成为大自然的主人、万物的灵长，人类如何在征服和改造大自然的过程中实现其主体存在性……这种文化更多地指向人与物的关系。中华传统文化与印度传统文化也迥然不同。古印度文化起源比中国还要更早一些，但是其更多地关注人与神、人与佛的关系问题。唯有中华传统文化，从形成到发展，一直重点关注人与自然、人与人的关系问题。

中华优秀传统文化有着浓厚的人文气息，在探讨人与大自然的关系问题上，不是讲征服，而是讲合而为一。中国人自文明开化以来，就把自己作为大自然的有机构成来理解和体认大自然，向来讲求人与自然和谐相处。

3. 兼收并蓄的包容性

中华优秀传统文化的包容性既体现在形成发展过程中，又体现在传承创新过程中。从形成发展过程看，中华优秀传统文化呈现出以儒家文化为主，不断融合其他文化的总体特征。这种文化发展过程，其实就是中华优秀传统文化以儒学为主体不断融合其他文化而兼收并蓄、融合发展的过程。从传承创新过程看，中华优秀传统文化从传统社会迈进现代

化社会，其内含的基本文化精神，如“天人合一”“世界大同”等思想含义隽永、精湛广博，以包容性揭示和诠释着中华文化得以长盛不衰的原因。

4. 延绵不绝的连续性

中华优秀传统文化的连续性与历史性是统一的。它是人类众多文明样态中唯一一个传承了5000多年没有中断的文明，是至今仍然具有广泛而深远影响的文化。中华文明在中国社会不同发展过程中的结构、功能和作用各不相同。在封建社会，其主要为统治阶级培养管理人才，培育士阶层文化，教化顺民等。在当代中国社会，其表现出培养爱国主义精神、厚植历史文化传统、化育时代新人的人文属性，履行着培育时代新人的文化使命。中华优秀传统文化本身所固有的稳定性，使其获得了文化上一以贯之的连续性，从而巩固了其历史延展性。

5. 与时俱进的发展性

中华优秀传统文化具有与时俱进的品格，从历史中走来融入现代文明所生发的时代价值，集中体现了中华优秀传统文化的时代性和创新性。在古代社会，中国人讲“天人合一”，在当代社会升华为构建人与自然和谐共生的生态文明理念。古代有“民为贵，社稷次之，君为轻”的民本思想，这种为民情怀在中国共产党的传承中日益演化为以人民为中心的发展思想，表现为党带领人民群众坚持走共同富裕的发展之路。这种与时俱进的品格源于中华文化的基本内容和基本精神。传统文化中的儒家追求仁义道德，把“仁”作为其思想的核心主张，阐发出“仁者爱人”的基本观点，较早地诠释了人与动物的根本区别，彰显了人性的伟大。其主张的“己所不欲，勿施于人”理念至今仍然是处理人与人之间关系的黄金定律。

6. 美美与共的世界性

中华优秀传统文化不仅属于中华民族，也是世界文化的重要组成部分，在这个意义上，中华优秀传统文化又具有世界性。世界各国人民在进入现代化社会以后，都不同程度地面临着人的异化窘境，都被工具理性带来的人的异化困扰，往往感到精神疲惫、压力骤增、幸福感降低，对精神世界的解构与重构的需要空前强烈。有识之士试图从中华优秀传统文化中寻求慰藉精神的资源，以找回昔日宁静的内心世界。他们真切地感受到，中华优秀传统文化可以在一定程度上消解现代化社会带给人们的焦虑与不安，正日益成为滋养各国先进知识分子的精神世界食粮。他们通过学习和借鉴中华优秀传统文化，不断地进行自我超越，进而寻求解决其国内问题的良方。习近平提出的构建人类命运共同体理念，对促进地区稳定和世界和平发展有着重大而深远的影响，生动鲜活地展现了中华优秀传统文化的世界性。

二、政德教育

2023 年 1 月，习近平总书记在二十届中央纪委二次全会上阐述了如何始终具备强大的执政能力和领导水平：“百年大党长期执政，思维惯性、行为惰性客观存在，一些老观念、老套路、老办法容易相沿成习，队伍不断发展壮大也带来干部良莠并存、参差不齐。我们必须与时俱进提高科学执政、民主执政、依法执政水平，克服干部队伍中存在的能力不足、本领恐慌，确保适应新时代要求、具备领导现代化建设能力，做到政治过硬、本领高强，堪当民族复兴重任。”这就对领导干部的执政能力提出了更高的要求，对领导干部的政德素养提出了更高的要求。政德教育是思想建设的一个重要举措，加强政德教育具有重要意义。

（一）政德教育的概念

政德教育是一种思想意识活动，是有目的、有组织地开展意识行为改造的活动。政德教育说到底就是一种官德教育，是针对从政人员的教育。中国在春秋战国时期就已有对官员从政的要求，比如《晏子春秋》中提到，“廉者，政之本也”，要求官员要把廉洁作为从政为官的根本标准。政德教育从根本上讲，就是通过教育手段帮助广大从政人员树立政德。政德教育是干部队伍建设的重要内容，是培养合格干部的一种方式。从本质上看，政德教育本身不具有强制性，而是对广大从政人员特别是领导干部的一种职业道德要求，教育领导干部严格遵守从政道德，树立正确的从政观。因此，政德教育就是党和国家有组织、有目的地针对广大从政人员开展的以明大德、守公德、严私德为主要内容的从政道德教育活动。

准确把握政德教育的概念，还要注意三个方面：第一，政德教育是针对特定人群开展的教育。政德教育作为干部教育的一部分，既有别于一般意义上的成人教育，又有别于普通的职业教育。政德教育的特定教育对象是从政人员，特别是领导干部，这部分人群大多受过高等教育并处于关键岗位。可以说，领导干部既是国家事业的组织者，又是国家事业的领导者、管理者，大多处于管理地位，掌握着一定的国家权力。因此，对领导干部进行政德教育关系着干部队伍建设的未来，关系着国家事业的发展。第二，政德教育是一种有组织、有目的地的干部教育活动。《干部教育培训工作条例》要求干部教育要“育德为先，注重能力”，这就从根本上决定了政德教育要有目的性和组织性，绝不能随意。第三，政德教育要以明大德、守公德、严私德为主要内容。2018 年 3 月，习近平总书记在参加十三届全国人大一次会议重庆代表团审议时明确指出：“立政德，就要明大德、守公德、严私德。”习近平总书记从理想信念、宗旨意识、个人操守三个方面，为我们理解新时代政德教育的科学内涵提供了基本遵循，也为我们开展政德教育工作指明了前进的道路和方向。

（二）政德教育的基本要素

做好政德教育的基本要素分析，有助于我们更好地解读干部政德教育这一时代命题。下面，从政德教育的主客体、方式、内容、机制等要素展开具体分析。

1. 政德教育的主客体

主体是与客体相对的范畴，唯心主义者大多将主体看作是主观精神的存在。无论是笛卡尔的“我思故我在”，还是康德的“主体自我”，都忽视了主体作为客观实际的存在，并从认识论角度把主体局限于主观精神的存在。马克思指出：“从前的一切唯物主义（包括费尔巴哈的唯物主义）的主要缺点是：对对象、现实、感性，只是从客体的或者直观的形式去理解，而不是把它们当做感性的人的活动，当做实践去理解，不是从主体方面去理解。”[①] 这就从根本上指明了唯心主义主体论的缺陷所在。马克思从实践论的角度理解主体，认为“主体是人”，而不是其他什么，人是社会客观的存在，并非单纯的精神存在。这就全面、科学、准确地明确了主体的内涵。从辩证唯物主义出发，主体就是现实活动的人本身，是具有认识价值与实践价值于一体的存在。也就是说，主体既是有思想的活动者，也是能活动的思想者。从主体的内涵出发，政德教育的主体必然是人本身。遵循单主体论原则，受教育者是主体。政德教育是针对领导干部开展的教育活动，领导干部作为“受教育”的人，具有主观能动性和自主选择性。因此，政德教育的主体是领导干部。

---

①《马克思恩格斯选集》第一卷，人民出版社 2012 年版，第 133 页。

相对于主体而言，政德教育的客体是进行主体教育培训的场所，即各级党校和各地干部学院。各级党校和各地干部学院在新时代政德教育中发挥着重要作用。加强各级党校和各地干部学院建设，是做好新时代政德教育工作的重要保障。各级党校是中国共产党对党员、干部进行教育和培训的学校。从整体上看，党校可分为中央党校和地方党校两大类。党校的主要任务是通过有计划的培训，使广大党员、干部保持应有的初心和党性，不断提升广大党员、干部的政治思想水平和科学文化水平，增强其党性，进一步发挥其先锋模范作用。具体来看，“党校姓党，决定了党校工作的重心必须是抓党的理论教育和党性教育”。这就意味着各级党校要抓好理论教育和党性教育的建设工作，为筑牢广大领导干部的理想信念保驾护航。而各级党校要抓好理论教育和党性教育的建设工作，一方面要注重师资建设，不断增强师资力量；另一方面则要做好课程体系建设，不断提升课程设置的科学性和合理性。各地干部学院同样是开展政德教育的重要场所。各地干部学院往往依托当地特有的丰富文化资源等办学，具有鲜明的地方特色。譬如，中国井冈山干部学院依托红色先进文化来办学，具有浓郁的革命老区特色；山东济宁政德教育干部学院依托中华优秀传统文化来办学，具有浓郁的传统文化特色。从整体上看，各地干部学院各具特色、优势互补，为新时代政德教育工作的顺利开展提供了有力保障。在开展新时代政德教育工作的过程中，我们要继续加强各地干部学院建设，持续发挥各地干部学院的特色优势，让各地干部学院在政德教育工作中更好地展现其作用和职能。

2. 政德教育的方式

教育方式是教育内容的主要承载形式。政德教育的方式就是在进行政德教育的过程中用以规定或认可的教育形式和方法。进入新时代，面对政德教育工作中出现的培训对象多层次、培训内容多领域和培训需求多样化的新形势，各级教育机构在以习近平同志为核心的党中央的正确领导下，积极探索创新，采用多种教育方式，有力地促进了政德教育质量的全面提升。

第一，实体教育与网络教育相结合。实体教育是指以各级党校和各类干部学院为依托开展的教育活动，网络教育则是以互联网为依托开展的教育活动，网络教育是实体教育的必要补充手段，二者相辅相成，相得益彰。就实体教育而言，实体教育作为政德教育的主要方式，在政德教育中起着关键性和决定性作用。

目前，在实体教育方面，已有党校（行政学院）、干部学院（校）约5000所。仅在中央一级，政德教育培训机构就已形成了中央党校（国家行政学院）、中国浦东干部学院、中国延安干部学院、中国井冈山干部学院并存的培训体系。可以说，目前在干部政德实体教育上，我国已经初具规模和体系。在推进新时代政德教育的过程中，要继续完善政德教育培训体系，不断壮大实体教育的载体，并进一步增强各级党校和各地干部学院的内在联系，进一步明确各级党校和各地干部学院之间的职责分工，从而尽可能地使各级党校和各地干部学院充分发挥各自优势、彰显地域特色。

就网络教育而言，目前已经建成了以“学习强国”客户端为代表的一系列线上学习平台，线上学习作为政德教育的一种新形式，深受广大干部的喜爱。以“学习强国”客户端为例，它是由中央宣传部宣传舆情研究中心出品的学习平台，由中宣部主管，以深入学习宣传习近平新时代中国特色社会主义思想为主要内容，以建立纵向到底、横向到边的学习网络，从而实现有组织、有指导、有管理、有服务的学习。从总体上

来看，网络教育以其可以随时随地进行学习的特点和优势，对实体教育进行了有力的补充，成为政德教育中不可或缺的新教育形式。

第二，组织调训与自主选学相结合。组织调训是指教育主管部门按照教育计划从各单位抽调干部参加脱产培训学习。它作为政德教育的传统方式，具有计划性和集中性等明显的特征，在一定时期内被广泛采用，也发挥了良好的教育效果。但新形势下，政德教育出现了一系列新情况和新问题。这种仅仅依靠组织调训的单一学习方式，显然已经无法满足政德教育需求多样化的要求。因此，实施组织调训与自主选学相结合的教育方式已是势在必行。

自主选学是以干部自身的学习需求为出发点，让广大领导干部根据政德教育机构提供的“培训菜单”，在结合自己工作岗位的实际需要和自身发展需求的基础上，自主选择需要学习的政德教育内容。与组织调训的学习方式相比，自主选学的学习方式具有较强的开放性，能够充分发挥广大领导干部的主观能动性，让广大党员、干部根据自身的实际情况来选择需要学习的政德教育内容，因此更有利于激发广大领导干部学习的内在动力，更符合政德教育的发展规律。

虽说自主选学的学习方式有诸多优点，但这并不意味着自主选学的学习方式可以取代组织调训的学习方式。这两种学习方式之间是互补和并存的关系。它们本就具有一定的互通性，譬如，在自主选学的学习方式下，广大领导干部的开课时间也具有集中性，所接受的政德教育内容也带有一定的计划性。组织调训的学习方式本身具有一定的优势，值得自主选学的学习方式借鉴。组织调训与自主选学相结合的政德学习方式，在应用实践过程中受到了师生的一致好评，达到了应有的教育效果。很多学员谈到，干部选学把“被学习”变成了“要学习”“想学习”“爱学习”，不仅促进激发了自身的学习热情，还带动了身边的同志共同学习，推动了勤学爱学善学风气的形成。[①]总之，我们要继续完善组织调训与自主选学相结合的政德教育学习方式，充分运用行之有效的方式，促进新时代政德教育工作顺利开展。

第三，脱产培训与在职学习相结合。领导干部脱产培训是干部教育培训的重要形式，就在短期内迅速提升领导干部某个方面的能力而言，其培训效果明显。但领导干部毕竟都有自己的本职工作，身上都担负着党和人民所赋予的权力和重任，职业的特殊性和强烈的责任感决定了广大领导干部不能进行长期的脱产学习。但政德作为一种内在修养，唯有使用长期性、经常性的教育方式，方能达到潜移默化的教育效果。因此，设置一种具有长期性和经常性的教育方式作为脱产培训这种短期性的教育方式的补充，就显得十分必要。在职学习作为一种用人单位常见的培训方式，具有不耽误工作时间和更有针对性的特点，很适用于政德教育这种需要长期开展和经常开展的教育活动。在职学习在很大程度上要依赖领导干部的自主学习能力，因此，首先需要让广大领导干部意识到提升政德素养的紧迫感，从而进一步增强自觉提升政德素养的积极性和主动性，把自学作为提升政德素养的重要形式摆在突出的位置，从而不断提升自己的自学能力。

而要想切实提升广大领导干部的自学能力，除了充分调动广大领导干部的自学积极性，还需要干部教育部门为干部自学提供帮助和支持，有针对性地推荐学习书目和辅导材料，组织好相关的专题研讨、经验交流、辅导报告等活动。总之，采用脱产培训与在职学习相结合的培训方

---

① 高世琦编著:《中国共产党干部教育世纪历程》，党建读物出版社 2013 年版。

式，能充分发挥两种教育方式各自的优势，从而更好地实现政德教育的教育目标。

第四，课堂教学与体验学习相结合。现代干部教育培训理论指出，坚持问题导向、强调能力核心、注重个体参与、采用多元方法，是干部学习的主要特点。[①] 在新时代背景下，我们要想更好地开展领导干部政德教育工作，就要从干部的学习特点出发，积极探索课堂教学与体验学习相结合的方式。

2023 年中共中央印发的《全国干部教育培训规划（2023—2027 年）》明确规定："鼓励加强干部教育培训方式方法创新。综合运用研讨式、案例式、模拟式、体验式、访谈式等方法，推行结构化研讨、行动学习等研究式学习，探索翻转课堂等方法，开展教学方法运用示范培训。"事实证明，上述新教育方式在实践过程中收到了良好的反响，"根据中组部培训中心的统计资料，现代领导干部最喜欢的三种教学方式分别是研讨式、案例式和情景模拟式教学"。对此，为鼓励政德教育机构积极探索新的教育方式，《全国干部教育培训规划（2023—2027 年）》明确规定："市级以上党校（行政学院）、干部学院主体班次中，运用具有干部教育培训特色的案例式教学的课程比重不低于每学期总课时的 15%，运用研讨式、模拟式、体验式、访谈式等其他互动式教学的课程比重不低于每学期总课时的 20%。"

目前，中国浦东干部学院已经形成了以"课堂教学——互动研讨——现场教学"为核心的三位一体的教学格局，有力地增强了培训课

① 中共中央组织部干部教育局编：《干部教育工作学习读本》，党建读物出版社 2012 年版。

程的现代性和开放性。中国井冈山干部学院则注重体验式教学，依托丰富的红色资源优势，展开现场教学，力争让每一个现场教学点都成为一部生动的活教材，让干部学员每上一次现场教学课，就是经历一次潜移默化的心灵洗礼。山东济宁政德教育干部学院自主创新形成了课堂教学、现场教学、体验教学、礼乐教学、案例教学等多元一体的教学模式，在干部教育培训工作中树立了政德教育特色品牌。

总之，为确保政德教育工作取得理想的教育效果，各地干部培训机构都要高度重视创新教学形式和丰富教学方法，在坚持启发式与互动式相结合的创新原则下，从干部的学习特点出发，不断探索新的教学形式和教学方法。

3. 政德教育的内容

关于政德教育的内容，习近平在 2008 年 7 月出席全国干部教育培训工作会议时指出，“理论教育是根本，知识教育是基础，党性教育是关键”。党的十八大以来，以习近平同志为核心的党中央在继承中国共产党重视政德建设优良传统的基础上，结合政德教育工作的实践经验，紧紧围绕着让广大领导干部“立政德”这一教育目标，从帮助领导干部“明大德、守公德、严私德”等方面，不断丰富和深化了新时代政德教育的主要内容。

4. 政德教育的机制

政德教育的机制是政德教育长效化、制度化的保障。一方面，政德教育是有一定规范的。没有规矩，不成方圆。政德教育必须在一定的制度许可范围内进行，要有规范化的运行方式和科学的操作机制，不能随心所欲和想当然。另一方面，要不断完善政德教育的机制，增强其活力。干部教育的复杂性使政德教育管理工作面临许多新问题和新矛盾，只有

全社会共同努力，才能更好地推进政德教育的发展。

第一，需求分析机制。建立健全政德教育培训与干部选拔、管理、监督部门之间的信息沟通机制，把岗位需求和培训需求相结合，完善政德教育培训主管部门与培训机构、干部所在单位之间的协调会商机制，从而把需求调研贯穿于培训前、培训中、培训后的全过程，准确把握培训需求，共同制订和实施干部培训计划。

第二，领导调控机制。加强对政德教育培训全过程的领导调控，向精细化管理发展。实行培训项目责任制。建立健全培训机构集体备课、教学督导、评价和反馈制度。建立健全班组管理制度。充分发挥党支部和班委的作用，加强学员的自我管理。加强培训管理队伍建设，重视对联络员和组织者（班主任）的教育和管理，建立健全培训管理人员培训机制。

第三，考核激励机制。对干部的学习态度和表现、理论知识掌握情况、党性作风修养、解决实际问题的能力等进行综合考核评价。要在规定的时间内制定思想政治教育实效性评价办法。利用互联网等手段，开展党性理论、党章党纪、履职基本知识测试，掌握干部在职自学学习情况。要加强对干部选拔、培训、管理和使用的统筹，加强对中青年干部培训班等中长期主体班的跟踪调查，通过谈心谈话和学员相互评价了解学员的表现，为干部培训、检查、鉴定等提供参考。

第四，质量评估机制。坚持定量与定性相结合，完善关于政德教育培训机构办学质量、项目质量和课程质量的评价体系，保障项目质量评价体系顺畅运转。完善项目委托单位、受训人员、培训机构共同参与的评价机制。完善学员、教师（或专家）、班主任、教学管理部门参与的评价机制。

（三）政德教育的特征

政德教育作为干部教育工作的重要部分，有着区别于其他社会教育的特征。只有准确把握政德教育的特征，才能立足实际，更好地开展政德教育工作。新时代政德教育相比于以往，具有更加突出的政治性、专业性、时代性和实践性特征。

1. 政治性

讲政治是政德教育的第一要求。政治性要求领导干部要旗帜鲜明地讲政治。习近平同志强调："讲政治，是我们党补钙壮骨、强身健体的根本保证，是我们党培养自我革命勇气、增强自我净化能力、提高排毒杀菌政治免疫力的根本途径。"政德教育的政治性体现在：第一，领导干部要对党忠诚。在任何历史时期，共产党的干部都要对党忠诚。这是领导干部讲政德的前提，也是开展政德教育的关键。对党忠诚不仅是广大领导干部的政德问题，更是关系到中国共产党凝聚力和战斗力，甚至是生死存亡的重大政治问题。因此，领导干部要锤炼坚强党性，保持对党的绝对忠诚，处理好"公"与"私"的关系。第二，领导干部要有坚定的政治定力。定力是人们在改造客观世界过程中表现出的坚强意志、执着信念和道德操守。以习近平同志为核心的党中央多次强调领导干部要有政治定力，并将其作为领导干部讲政德的重要指标。政治定力就是要在思想上、政治上排除各种干扰、消除各种困惑，坚定正确的立场，保持正确的方向，坚守道德操守。

2. 专业性

提高专业化能力是党的十八大以来建设高素质干部队伍的明确要求，也是领导干部新时代克服"本领恐慌"、更好履行岗位职责的现实需要。专业技术人员的职业具备专业性，党政领导干部的职业也具备专业性。

党政领导干部专业化有着不同于专业技术人员专业化的内在特点和基本规律，强调政治过硬与本领高强的统一、高素质与专业化的统一、目的性与专业性的统一，具有规律性、综合性和发展性的特征。这样的特征也决定了政德教育培训的专业性。具体表现为在培训内容方面，基层党员干部的专项业务培训以理论学习和业务操作培训为主，作为“关键少数”的领导干部以国家政策和要求为主要培训内容。在培训方式方面，专项业务培训注重理论学习和实践操作的同时展开。在培训师资方面，专项业务培训以理论知识和实践经验丰富的老师为主。具体来说，政德教育培训应从以下三个方面加强，以突出专业性和技术性：一是打造一支高素质、专业化的师资培训队伍，提升老师的专业化程度，以提升干部培训的专业性；二是在进行培训时，从领导干部的需求出发，针对不同行业、不同层次的领导干部进行因材施教；三是完善培训激励机制，对于表现优秀的人员给予奖励，对于思想态度不积极的给予适当惩罚。

3. 时代性

政德教育是干部教育的重要组成部分，因而也具有这一时代的显著特征。政德教育的时代性主要是体现某一阶段的历史特点。政德教育不同于一般教育，其教育目标、教育任务、教育对象都决定了其具有时代性。第一，政德教育的时代性由教育目标决定。新时代政德教育的目标在于贯彻落实习近平新时代中国特色社会主义思想，帮助领导干部养成高尚政德，锻造忠诚干净担当的高素质干部队伍。这一阶段性目标决定了政德教育具有新时代的特性。第二，政德教育的时代性由教育任务决定。政德教育以明大德、守公德、严私德为主要内容，以坚定领导干部的理想信念和宗旨意识，提升领导干部的道德素养和执政能力，激励领导干部带领广大人民群众为建设中国特色社会主义事业和实现中华民族伟大复兴而奋斗。在这一任务的引导下，政德教育要始终围绕中心教育任务展开，这是政德教育应有的功能。第三，政德教育的时代性由教育对象决定。政德教育的对象是领导干部。领导干部是中国特色社会主义事业的重要力量。党的干部必须遵守《中国共产党章程》，始终坚守政治原则，用马克思主义立场观点方法认识和解决问题，接受党和国家的教育。领导干部应明确自己的身份，自觉接受政德教育，不断提升政德素养。

4. 实践性

实现培训从传授知识到培养技能、从理论到应用的转变。学习的目的在于应用，培训的成果必须转化为干部的实践和应用能力。因此，干部培训不能假大空，如空中楼阁，要体现与新时代发展相适应的实践性。这既是由培训的性质决定的，也是由干部的工作性质和现状决定的。从前期调查看，目前干部缺乏的实际工作能力就是执行能力、执事能力、落实能力。因此，干部政德培训应把实践性作为重点，改变重理论轻实践、重知识轻能力的倾向，在突出实践性、操作性、应用性上下功夫。要着眼于领导干部的执事能力、组织能力、协调能力、办事能力、总结提炼能力、处理问题能力、出谋划策能力和创新能力等，进行有针对性的培训，实现培训工作从传授知识到培养技能、从浅到深、从理论到应用的转化。

（四）中华优秀传统文化与政德教育的关系

1. 中华优秀传统文化融入政德教育的必要性

第一，中华优秀传统文化融入政德教育体现的是共产党的文化担当与文化自觉。民主革命时期，我们党就高度重视中华优秀传统文化在马克思主义中国化进程中的作用。从新文化运动开始，立志于改造中国、实现民族救亡的中国革命者要面对并回答如何看待中华文化尤其是中华

优秀传统文化的问题。在1938年党的六届六中全会上，毛泽东代表中国共产党人郑重地回答了这个问题："使马克思主义在中国具体化，使之在其每一表现中带着必须有的中国的特性。"[①]"中国的特性"，当然包含丰富的中国传统文化。毛泽东思想能够成为中国共产党的指导思想，与其鲜明的民族文化特点是分不开的。新民主主义革命时期的历史充分说明，如何自觉地继承、弘扬中华优秀传统文化，检验着引领中国革命接续前行的导航者的文化眼光和政治智慧。

改革开放尤其是党的十八大以来，党中央更加重视弘扬中华优秀传统文化。邓小平理论、"三个代表"重要思想、科学发展观以及习近平新时代中国特色社会主义思想等丰富的理论成果，都是紧密结合中国国情、充分吸收中国传统文化的，是马克思主义中国化的创新成果。在这方面，中国共产党总结了许多经验。例如，坚持马克思主义一定要紧密结合中国革命和建设的实际；要用新的世界观去诠释、解读和运用中国历史经验和文化；要批判地继承中国传统文化。

2011年10月，党的十七届六中全会通过的《中共中央关于深化文化体制改革推动社会主义文化大发展大繁荣若干重大问题的决定》便把弘扬中华优秀传统文化放到十分重要的地位，强调我们党既是中华优秀传统文化的忠实传承者和弘扬者，又是中国先进文化的积极倡导者和发展者。党的十八大报告强调文化是民族的血脉，要建设优秀传统文化传承体系，弘扬中华优秀传统文化，还要树立高度的文化自觉和文化自信。

党的十八大以来，以习近平同志为核心的党中央从中华民族伟大复兴的战略高度推动中华优秀传统文化创造性转化、创新性发展，义无反

---

①《毛泽东选集》第二卷，人民出版社1991年版，第534页。

顾地擎旗前行。2013 年 12 月，中共中央办公厅印发的《关于培育和践行社会主义核心价值观的意见》指出，培育和践行社会主义核心价值观，“与中国特色社会主义发展要求相契合，与中华优秀传统文化和人类文明优秀成果相承接，是我们党凝聚全党全社会价值共识作出的重要论断”。2014 年 7 月，中共中央组织部（下文简称“中组部”）印发的《关于在干部教育培训中加强理想信念和道德品行教育的通知》要求：“深入开展中华优秀传统文化教育，深入阐发讲仁爱、重民本、守诚信、崇正义、尚和合、求大同的时代价值，引导干部继承和弘扬传统美德，捍卫国家和民族的精神独立性，防止成为西方道德价值的‘应声虫’。”2016 年发布的《关于新形势下党内政治生活的若干准则》规定：“领导干部特别是高级干部必须带头践行社会主义核心价值观，继承和发扬党的优良传统和作风，弘扬中华民族传统美德，讲修养、讲道德、讲诚信、讲廉耻，养成共产党人的高风亮节，自觉远离低级趣味。”

第二，中华优秀传统文化融入政德教育是干部教育培训与党中央保持一致，创造性地把党中央精神落实到干部教育中的生动实践。习近平总书记在各种场合，从多种角度阐述了弘扬中华优秀传统文化的问题，相关资料非常丰富。2016 年 5 月，他在哲学社会科学工作座谈会上的讲话中指出：“中华优秀传统文化的资源，这是中国特色哲学社会科学发展十分宝贵、不可多得的资源。”习近平总书记曾说：“我本人也是一个中华文化的热烈拥护者、忠实学习者。”2013 年 8 月，他在全国宣传工作会议上发表重要讲话，指出：“要讲清楚每个国家和民族的历史传统、文化积淀、基本国情不同，其发展道路必然有着自己的特色；讲清楚中华文化积淀着中华民族最深沉的精神追求，是中华民族生生不息、发展壮大的丰厚滋养；讲清楚中华优秀传统文化是中华民族的突出优势，是我们最深

厚的文化软实力；讲清楚中国特色社会主义植根于中华文化沃土、反映中国人民意愿、适应中国和时代发展进步要求，有着深厚历史渊源和广泛现实基础。”习近平总书记关于弘扬中华优秀传统文化的重要讲话，涉及精神家园建设、民族精神、核心价值观、理想信念、道德建设、人生修养、党内教育、“四个自信”、如何用人、外交关系等治国理政诸多方面。学习习近平总书记系列重要讲话，绝不能忽视其中蕴含的弘扬中华优秀传统文化的内容。

第三，中华优秀传统文化融入政德教育便于引导学员深入思考中国传统文化深层次的问题。我们这个古老民族面临着复杂的挑战，每一位共产党员尤其是党员干部都要铭记，伟大的民族必然孕育伟大的文化，而文化是有根的，文化是有魂的。当前在传承中华优秀传统文化的过程中，不同的人对传统文化有着不同的理解和解释，甚至有着极大的误解，以至于对中华传统文化产生错误认识。当前存在的信息不对称是阻碍人们传承中华优秀传统文化的重要原因。特别是有些人甚至完全站在个人立场上出于某种目的进行阐释，由此形成了与本意大相径庭的解释，并在社会上广为流传。这种对思想观念和文化传承的误解误读，会产生很大的负面影响。

例如“仕而优则学，学而优则仕”，其中“优”的本意是“有余、空余”，即“做官而有余力就治学，治学而有余力就做官”。而后世大多把“优”理解成“优秀、优异”的意思，即“举政良好后，可以去从教；学业有成了，应该去从政”，强化了社会普遍意义上的官本位意识等。其实在古代社会，是“官师一体”的，官员既要管理社会，也要教化子民，官员本身就担负着教师的职责。还有诸如对“存天理，灭人欲”“述而不作”等思想的不同理解甚至错误理解，引发了许多现实的社会问题，从而造成后世数代人乃至现代人，对质朴的中国传统人文思想产生怀疑，带来思想上的无助或迷失。

儒家思想是中国传统文化思想的主流，在儒家思想这样一种包容性极强的思想中，观点上有一定的分歧是非常正常的，但一些有相当影响力的人物对“圣言圣行”的不同理解和不同把握，会极大地影响其在后世社会的传播，加之一些当权者的片面运用，使得很多理解、解释仅从断句开始，就把人们的思想引上了不同的方向，从而导致行为上的不同结果。我们绝不能说传统文化思想都是正确的，特别是在社会早已发生了巨大变化的背景下。但从传承和发展的角度出发，历史性地看待、现实性地理解、扬弃性地运用，对中国传统文化进行客观审视并正本清源地加以梳理和界定，应该成为当前传承和弘扬中华优秀传统文化的必由之路。通过研究传统文化和党在意识形态方面的政策，也可以消除一些同志对传统文化持有的怀疑、抵触、顾虑等情绪。

2. 中华优秀传统文化融入政德教育的可行性

中华文化源远流长、博大精深，为中华民族生生不息、发展壮大提供了丰厚的滋养。同时，中华民族在漫长的历史发展过程中，逐渐积累起非常丰富的治国理政经验与为政智慧。在纪念孔子诞辰 2565 周年国际学术研讨会暨国际儒学联合会第五届会员大会开幕会上的讲话中，习近平主席就如数家珍地对中华优秀传统文化中所蕴藏的解决当代人类面临的难题的重要启示进行了系统概括。“比如，关于道法自然、天人合一的思想，关于天下为公、大同世界的思想，关于自强不息、厚德载物的思想，关于以民为本、安民富民乐民的思想，关于为政以德、政者正也的思想，关于苟日新日日新又日新、革故鼎新、与时俱进的思想，关于脚踏实地、实事求是的思想，关于经世致用、知行合一、躬行实践的思想，关于集思广

益、博施众利、群策群力的思想，关于仁者爱人、以德立人的思想，关于以诚待人、讲信修睦的思想，关于清廉从政、勤勉奉公的思想，关于俭约自守、力戒奢华的思想，关于中和、泰和、求同存异、和而不同、和谐相处的思想，关于安不忘危、存不忘亡、治不忘乱、居安思危的思想，等等。”这些思想智慧可以为政德教育提供丰富的教育资源。

习近平总书记指出：“治理国家和社会，今天遇到的很多事情都可以在历史上找到影子，历史上发生过的很多事情也都可以作为今天的镜鉴。”中国的今天是从中国的昨天和前天发展而来的，中华优秀传统文化中的治国理政思想是我们推进国家治理体系和治理能力现代化直接碰到的、既定的、从过去承继下来的条件。“不忘历史才能开辟未来，善于继承才能善于创新。”“只有坚持从历史走向未来，从延续民族文化血脉中开拓前进，我们才能做好今天的事业。”做好今天的事业，对当代领导干部来说，就需要从历史中汲取经验教训。

3. 中华优秀传统文化融入政德教育需要注意的问题

干部教育弘扬中华优秀传统文化一定要坚持马克思主义的指导思想和方法论。这是干部教育和中华优秀传统文化相结合的方法论问题。进行干部教育，纯粹的党的建设理论教育和纯粹的中华优秀传统文化教育都不可能达到我们预期的教育效果，一定要把干部教育和弘扬中华优秀传统文化有机地结合起来。在干部教育实践中，有时候会出现“两张皮”现象，就是孤立地讲党的建设理论或者孤立地讲中华优秀传统文化，如何把党的建设理论和中华优秀传统文化有机地紧密结合起来，需要我们认真研究。这里，有几条原则必须要把握：

第一，干部教育必须坚持以马克思主义为指导。尤其是一定要准确解读、把握马克思主义和儒学的关系，不能因为弘扬中华优秀传统文化，就用儒学取代马克思主义。中国共产党始终坚持马克思主义，马克思主义指导地位一旦动摇，共产党的性质就会发生改变，那是十分危险的，因此，要在坚持马克思主义的指导地位丝毫不能动摇的同时，紧密结合中国国情，弘扬中华优秀传统文化，借鉴人类创造的一切优秀成果。

第二，要用新的世界观去诠释、解读、运用中国历史经验和文化。弘扬中华优秀传统文化，不是照抄照搬。毛泽东同志指出："中国的长期封建社会中，创造了灿烂的古代文化。清理古代文化的发展过程，剔除其封建性的糟粕，吸收其民主性的精华，是发展民族新文化提高民族自信心的必要条件；但是决不能无批判地兼收并蓄。"[①] 梳理中华传统文化的过程，就是认真学习研究的过程。习近平总书记指出："要坚持古为今用、以古鉴今，坚持有鉴别的对待、有扬弃的继承，而不能搞厚古薄今、以古非今，努力实现传统文化的创造性转化、创新性发展，使之与现实文化相融相通，共同服务以文化人的时代任务。"注重用新的世界观即马克思主义世界观去认真研究传统文化，用马克思主义方法论对中国历史和文化进行新的解读，服务于党的建设，批判地继承中国传统文化。这是中国共产党人对待传统文化的基本经验。

第三，要研究传统文化经典。弘扬传统文化一定要懂得传统文化，懂得传统文化一定要学习传统文化经典，否则，所谓古为今用、创造性转化都不过是一句空话。现在的一般问题是，许多领导干部对传统文化内容的了解比较浅。出于种种原因，一些人传统文化知识储备少甚至趋近于无，并因无知导致对传统文化的歧视。对传统文化不甚了了，是谈不上批判地继承的。因此，对优秀传统文化，面上要认真学习，点上要

---

①《毛泽东选集》第二卷，人民出版社 1991 年版，第 707 ~ 708 页。

深入研究，在此基础上进行分析对比，辨别优劣，批判地继承。就像学习马克思主义必须学习马克思主义经典著作一样，对影响中外的传统文化著作一定要认真研读，比如《论语》《道德经》《孟子》《大学》《中庸》等，这些甚至已经是世界经典名著，对领导干部来说，其中的内容应该成为基本的文化常识。掌握一定的中国传统文化经典知识，不仅不影响坚持马克思主义，反而能够更好地理解和坚持马克思主义。所以，在干部培训中，要适当开设传统文化经典解读课程，扫一扫领导干部传统文化知识的盲点。

总之，将中华优秀传统文化融入政德教育，从中华优秀传统文化中汲取养分和能量，能促进党的建设，提升干部的素质与能力，更好地服务人民和国家发展。在这方面，中华优秀传统文化中有很多值得汲取的历史智慧和经验。

第二章 中华优秀传统文化融入政德教育的历史考察

习近平总书记在主持中共中央政治局第十八次集体学习时强调指出："中国的今天是从中国的昨天和前天发展而来的。要治理好今天的中国，需要对我国历史和传统文化有深入了解，也需要对我国古代治国理政的探索和智慧进行积极总结。"可以说，当代中国的干部政德建设既得益于马克思主义理论指导，也离不开对世界各国先进文明成果的吸纳，更是中华优秀传统文化滋养和浸润的结果。党的十九大报告指出，中国共产党从成立之日起，既是中国先进文化的积极引领者和践行者，又是中华优秀传统文化的忠实传承者和弘扬者。历史和现实昭示：中华优秀传统文化任何时候都是中国共产党政德建设的重要源泉，开展政德教育离不开对中华优秀传统文化的继承和发扬。

一、中国共产党对传统文化态度的历史变迁

如何认识、对待和处理包括儒家思想在内的中华传统文化，中国共产党既有丰富经验，也有深刻教训。一百多年来，中国共产党对待传统文化

的态度和政策，经历了批判、继承、改造、弘扬、创新的历史嬗变，形成了推动中华优秀传统文化创造性转化和创新性发展的“两创”方针。这种变迁既反映了时代主题的变换，也反映了中国共产党思想认识的与时俱进。

（一）从中国共产党成立到全面抗战爆发

鸦片战争后，为了摆脱亡国灭种的危机，众多仁人志士同帝国主义、封建主义展开了艰苦卓绝的斗争。从太平天国的农民起义到地主阶级的洋务运动，从资产阶级改良派的“百日维新”到孙中山领导的辛亥革命，种种尝试并没有改变中国半殖民地半封建社会的性质，中国人民要求的独立与民主并没有实现。事实证明，没有坚强的领导力量，革命是根本不可能成功的。随着中国革命形势的发展，中国的共产主义知识分子逐渐认识到组织一个用马克思主义武装起来的无产阶级政党的必要性。经过陈独秀、李大钊等人的不懈努力，1921 年，中国共产党成立。在中国共产党的领导下，中国工人运动很快在全国范围内形成第一次高潮。在革命实践中，中国共产党也开始了对中国革命一系列基本问题的探讨。其中之一就是对民众的思想启蒙工作。

中国共产党的创始人和最早的一批党员多数都深受新文化运动的影响，陈独秀等更是该运动的旗手。在反帝反封建革命任务的重压下，中国共产党从总体上对中国传统文化采取了决裂与超越的政策，尤其是强烈批判了传统文化中的代表封建糟粕的诸多成分，这种立场既体现在刊物舆论的引导上，也彰显于革命动员的口号中。1923 年至 1924 年，陈独秀在《向导》《前锋》等杂志上发表数十篇否定传统文化内容与价值的短论。他多次提出激进性的观点，如讥讽胡适等倡导整理国故、国学是“要在粪秽里寻找香水，即令费尽牛力寻出少量香水，其质量最好也不过和别的香水一样，并不特别神奇，而且出力寻找时自身多少恐要染点臭气”；嘲讽老庄哲学或东方文化要将青年“引到睡眠状态去了”；认为“国故、孔教、帝制，本来是三位一体”，“像这样的文化，不但没有维护的必要，还应设法令他速死”。[①]1923年6月，《新青年》改版为中国共产党中央理论刊物，主编瞿秋白在其撰写的《〈新青年〉之新宣言》中讲道：“中国的旧社会旧文化是什么？是宗法社会的文化，装满着一大堆的礼教伦常，固守着无量数的文章词赋；礼教伦常其实是束缚人性的利器，文章词赋也其实是贵族淫昏的粉饰。”

这一时期，中国共产党对传统文化采取的鲜明态度不仅见诸文字，更在实际革命行动中得到鲜明展示。从国民革命到土地革命，从田间地头到城里街坊，从全局态度到具体问题，都能看到对传统文化尤其是其中糟粕成分的激烈批判态度。所谓“苏维埃的文化革命”就是打倒孔教、佛教、道教等等的迷信和一切宗法社会的思想上的束缚，反对着资产阶级和富农等等的思想上的影响。[②]应当承认，在当时巨大的反帝反封建压力之下，这种“打倒”和反对的抉择对冲破封建思想的藩篱、打碎腐朽统治的影响具有极为重要的导向作用，符合当时马克思主义的传播趋势和社会进步的整体要求。

对于此时期中国共产党对传统文化的态度，可以从两方面来理解。第一，这是受历史进化论影响的结果。“人类社会的发展，因为天然条件所限，生产力发达的速度不同，所以应当经过的各种经济阶段的过程虽然一致，而互相比较起来，各国各民族的文化于同一时代乃呈先后错落的现象。”概言之，即精神文明是物质文明的副产，物质文明统辖着精神

①《陈独秀文集》（全四卷），人民出版社2013年版。

②《瞿秋白文集·政治理论编》第七卷，人民出版社1991年版。

文明。中国共产党成立之时，中国处于农业人口比例高但是工业发展落后的状态，群众受教育程度低且又深深浸润于传统文化中。在此过程中，传统文化中的旧思想、旧礼教等像梦魇一样无时无刻不在控制着群众的生产生活。作为落后生产力的代表，中国传统文化尤其是其中的宗法礼教思想虽“也曾一度为社会中维持生产秩序之用。但是他现在已不能适应经济的发达，所以是东方民族之社会进步的障碍”。[①] 因此，要想推动马克思主义在中国的传播，开创新文化、新思想、新道德广为传播的生动局面，必须对传统文化尤其是其中的旧思想进行彻底反思与批判。

这是受政治斗争影响的结果。从 1840 年以来，鸦片战争、甲午战争等带来的一次次屈辱战败将清政府的腐朽统治展示在众人面前。在救亡图存与思想启蒙的双重负担重压下，中国社会历经了洋务运动、戊戌变法、辛亥革命、袁世凯复辟、新文化运动、北洋军阀割据混战、大革命失败、“九一八”事变、土地革命等诸多重大事件。在这个过程中，中国社会各阶级代表着不同的利益群体和利益诉求，这种复杂局势使中国当时各群体之间的思想价值和利益取向很难趋于一致，几乎不可能形成革命的合力，甚至出现思想被政治利用的情况。具体来说，每到变革与革命等新旧势力斗争的重大历史节点，包括儒学在内的传统文化总会被保守派甚至反对势力利用。封建顽固势力对洋务运动、戊戌变法和辛亥革命的质疑、反对和镇压，基本呈现出与“护教（孔教）”交织融合的态势。尤其是后来袁世凯复辟帝制、国民党对中国共产党的舆论攻击、20 世纪 30 年代的“新生活运动”，以及抗战时期国民党围绕蒋介石的《中国之命运》一书发动的

---

① 瞿秋白著，杜文光选编:《瞿秋白文选》，四川文艺出版社 2010 年版，第 6 ~ 13 页。

宣传战，无一不和“尊孔”联系在一起，甚至日军在中国占领区，也借助尊孔、祭孔、读经等对中国人进行奴化教育，为其殖民侵略服务，这些导致中国共产党不得不对传统文化保持高度警觉的态度。

除了全面否定，这一时期，也有微弱的理性声音在呐喊。作为中国共产党的重要创始人，李大钊并不赞成激进的全盘西化论者的主张，尽管为着“科学”“民主”的目标迫切要求破除孔孟之道的桎梏，但是他仍然认为抨击孔子的目的是批判现实，而不是对孔子学说本身的批判，“孔子之道有几分合于此真理者，我则取之；否者，斥之”。[①]

概言之，在亡国灭种的压力下，出于救亡图存的需要，这一时期中国共产党对传统文化采取了总体上否定批驳的态度。这种态度反映出当时中国共产党人对宣传马克思主义，以新思想、新文化来引领政治进步和社会变革的急迫心情。但是从对传统文化总体反对和理性反思并存的这一客观局势来看，中国共产党无法将自身发展与传统文化分割开来。党的十九大报告中“文化是一个国家、一个民族的灵魂”的论断实际上就是对这种无法分割与理性批判的有力证明。

（二）从全面抗战到新中国成立

从 1937 年抗日战争全面爆发到新中国成立，中国共产党对传统文化的态度趋为理性，逐步认识到传统文化中的积极因素，确立了批判继承中国传统文化的政策和“双百”方针。

1937 年七七事变的爆发标志着日本全面侵华开始，中华民族陷入前所未有的深重灾难。在这场民族危机面前，中国共产党秉持民族大义，

---

① 李大钊著，李剑霞选编:《李大钊散文》，上海科学技术文献出版社 2013 年版，第 200 页。

率先呼吁武装抗日，并倡导建立以国共两党合作为基础的抗日民族统一战线，以抵抗日本帝国主义的侵略，驱逐日军出中国。1935年，“八一宣言”（亦称《为抗日救国告全体同胞书》）发表，呼吁停止内战，一致抗日。除了针对国民党的建立抗日民族统一战线的宣传，还动员全中国人民投身到这场战争中来，以爱国主义的旗帜凝聚抗日救国战斗力。要想将爱国主义的凝聚力发挥到最大效用，就必须从中华民族的历史和传统文化中寻找案例与思想的支撑。

在这一背景下，中国共产党对传统文化的态度逐渐趋于理性。1938年10月，毛泽东同志强调要学习总结中华民族源远流长的千年历史，要继承“从孔夫子到孙中山”的文化遗产，激活中华文化绵绵不绝的生命力。当然，毛泽东同志这一说法采取了相对宏观的用法，更加突出中华民族的团结统一历史而非特指传统文化。值得注意的是，毛泽东同志在各个场合包括文章中，对传统文化问题始终保持审慎态度，如在阐明文化遗产的重要性之前，强调用马克思主义的方法给以批判的总结。这无疑是中国共产党对待传统文化态度调整的一个重要信号。

一年多以后，1940年1月，在陕甘宁边区文化协会第一次代表大会上，毛泽东以《新民主主义的政治与新民主主义的文化》（即《新民主主义论》）为题发表演讲。他说：“中国的长期封建社会中，创造了灿烂的古代文化。清理古代文化的发展过程，剔除其封建性的糟粕，吸收其民主性的精华，是发展民族新文化提高民族自信心的必要条件；但是决不能无批判地兼收并蓄。必须将古代封建统治阶级的一切腐朽的东西和古代优秀的人民文化即多少带有民主性和革命性的东西区别开来。”①

① 《毛泽东选集》第二卷，人民出版社1991年版，第707～708页。

综上所述，中国共产党在这一时期适时地调整了对待传统文化的态度，即要认真理性地对待传统文化。但是继承传统文化也不是简单的兼收并蓄，而是在甄别的基础上继承，这就使得原有的态度和立场更为全面、更富智慧。从第一阶段的整体否定到这一时期的理性对待，这种政策态度的变化并不是对新文化运动的否定与拒斥，反映了中国共产党作为一个马克思主义政党，运用马克思主义基本原理辩证对待历史、对待文化的主动性与自觉自信在进步深化。

（三）从新中国成立到“文革”

从新中国成立到“文革”，中国共产党对传统文化的态度出现了比较大的起伏，给我们提供了深刻的教训。这种波折与国内外复杂的政治局势带来的一系列主客观因素的制约紧密相关。

从新民主主义向社会主义的过渡时期，中国共产党高度重视意识形态建设，对民间盛行的带有浓厚封建色彩的思想文化，如“三拜九叩”“男尊女卑”“三从四德”等封建旧思想、旧观念及旧风俗等进行了彻底的批判和清理，坚持用马克思主义思想教育人民。在农业合作化运动中，针对社会主义改造过程中出现的种种阻力，毛泽东同志指出：“一个崭新的社会制度要从旧制度的基地上建立起来，它就必须清除这个基地。反映旧制度的旧思想的残余，总是长期地留在人们的头脑里，不愿意轻易地退走的。”[①] 这一观点既说明了清除旧思想的难度，也表明了中国共产党一战到底的决心。这种决心对新中国的社会主义改造和文化安全来说，无疑十分重要。

1956 年社会主义改造完成后，随着批判电影《武训传》、俞平伯《红

---

①《毛泽东著作选读》乙种本，中国青年出版社 1964 年版，第 210 页。

楼梦》研究思想等事件的影响逐渐加深，意识形态领域的斗争更为激烈，中国共产党对待传统文化的批判态度更为尖锐。面对这种文化界人人自危的情况，毛泽东同志在1956年中央政治局扩大会议上作总结讲话，特别指出“艺术问题上的百花齐放，学术问题上的百家争鸣”。“百花齐放，百家争鸣”成为必须坚持的社会主义文化发展方针。1964年9月，毛泽东同志在谈到如何处理外来文化与传统文化的关系时，他强调古为今用、洋为中用，这也是马克思主义中国化内在思路的反映。

1960年12月，在会见古巴妇女代表团和厄瓜多尔文化代表团时，毛泽东同志又一次谈道：“对中国的文化遗产，应当充分地利用，批判地利用。中国几千年的文化，主要是封建时代的文化，但并不全是封建主义的东西，有人民的东西，有反封建的东西。……封建主义的东西也不全是坏的。……反封建主义的文化也不是全部可以无批判地利用的。封建时代的民间作品，也多少都还带有封建统治阶级的影响。”① 这一观点表明毛泽东对传统文化有了更深入的考量。从最开始对封建社会的纲常礼教全部拒斥到明确封建社会思想并非全部糟粕，他逐渐认识到封建时代的文化也需要理性甄别对待。

“文革”后，以儒学为主体的中国传统文化遭遇了前所未有的打击。这种打击不仅体现在对以孔子为代表的传统思想的全面抨击，而且与之相关的文物古迹、书画古籍等传统文化载体也遭到大破坏。历经几千年积累下来的中华传统文化无论精华还是糟粕，一概被当作“旧思想、旧文化、旧风俗、旧习惯”打倒砸烂，付之一炬。

值得注意的是，虽然五四新文化运动后，以孔子为代表的儒学甚至

① 《毛泽东文集》第八卷，人民出版社1999年版，第225页。

整个传统文化遭受到了前所未有的冲击，但是这种否定主要是基于对传统文化中的糟粕展开的，没有沦落到口水之争。但是“批林批孔”开始后，伴随着政治斗争的巨大狂潮，孔孟“开历史倒车”、儒家“满口仁义道德，一肚子男盗女娼”等极端简单化甚至侮辱性批判用语充斥于舆论宣传中，成为见诸笔端、口口相传的定评，这种把传统文化全部扔进“历史的垃圾堆”的做法造成了传统文化不可逆的传承断层，引起了人们在“如何看待传统文化”这一问题上极大的思想混乱。

（四）从改革开放到十八大之前

改革开放以来，中国共产党对传统文化坚持古为今用、推陈出新的态度，对传统文化进行现代性转化与改造。以邓小平同志为主要代表的中国共产党人结合新的时代要求，丰富和拓展了中国共产党的传统文化观。党的十一届六中全会指出毛泽东同志对待传统文化的态度和政策具有长远意义的重要思想，至今仍有重要意义。党的十二届六中全会对传统文化更为重视，对传统文化的现代性转化与改造进行了探索，通过了《中共中央关于社会主义精神文明建设指导方针的决议》，为中华文明的复兴指明了道路。

1990 年 1 月，李瑞环在全国文化艺术工作情况交流座谈会上发表长篇讲话，集中阐述“关于弘扬民族优秀文化的若干问题”。这在中国共产党历史上、在党中央最高领导层还是第一次。他提出:“在当前的国际和国内形势下，弘扬民族文化不仅直接关系到我国文化的兴衰，而且在政治上具有重要意义。面对西方垄断资产阶级和平演变的攻势，弘扬民族文化是振奋民族精神，提高民族自尊心和自信心，发扬爱国主义精神，顶住一切外来压力的一个重要条件。……因此，对历史文化遗产绝不应不分良莠，兼收并蓄，而应当批判地继承，吸取其精华，剔除其糟粕。我

们弘扬民族文化的根本目的，是要推陈出新，古为今用……文化遗产具有相对的稳定性，它的许多方面并不是为某一个阶级、某一个时代所独有的，也不只是为某一个阶级、某一个时代所利用的。我们既要看到文化遗产的阶级性、时代性，又要重视它的继承性和借鉴性。……有些东西一旦赋予新意，便可成为社会主义精神文明的组成部分。"[①] 对中国传统文化做出如此系统的高度评价，对如何弘扬传统文化做出如此具体的部署，这在中国共产党历史上前所未有。1992 年，党的十四大进一步肯定和明确了对待传统文化的态度是继承和发扬，强调必须继承和发扬中华民族优良的思想文化传统。以此为标志，中国共产党的传统文化观有了新的突破，表述更为理性和科学。

随着改革开放的逐步深化，中国在对外交流上逐步融入经济全球化浪潮，在对内发展上更加注重社会主义市场经济的发展。这一过程不仅引发了强烈的社会转型变革，也为人们的思想解放和价值选择提供了更加多元的环境。当旧有的思想制度不再适应新的社会发展形势，如何或拿什么才能最有效地凝聚人心，这是摆在决策者面前的一道难题。

在这一背景下，中国共产党重新审视中华传统文化中的思想精华和道德精髓，从理论内涵、时代价值、模范人物等方面对爱国主义进行深度挖掘阐发，不断为动员中华儿女团结奋斗凝聚力量。为了把爱国主义融入人民生活生产的全过程，国家相关部门深入挖掘中华优秀传统文化中的历史名人和历史事件，通过中华优秀传统文化进社区、进学校、进单位、进家庭、进场所、进农村，充分营造"爱国主义是中华民族优良传统"的强大舆论氛围，确保爱国主义建立在对本民族历史敬畏和文化

① 《十三大以来重要文献选编（中）》，中央文献出版社 2011 年版，第 270 ~ 280 页。

尊重的基础之上。当然，除了发挥中华优秀传统文化在凝聚人心、筑牢爱国情怀上的价值，中国共产党还将其作为培育民族精神的精神土壤，回击民族虚无主义和历史虚无主义思潮的有力武器，以及维护国家文化主体性、确保意识形态安全的强大抓手。

正是在上述背景和认识下，党的十五大报告强调了要建设有中国特色社会主义的文化。党的十六大报告提出了坚持弘扬和培育民族精神的任务和要求。2006 年出台的《国家“十一五”时期文化发展规划纲要》对文化建设进行了专门部署，提出了“重视中华优秀传统文化教育和传统经典、技艺的传承”的要求。2007 年，党的十七大强调要全面认识祖国传统文化，取其精华，去其糟粕，使之与当代社会相适应、与现代文明相协调，保持民族性，体现时代性。2011 年，党的十七届六中全会以中央全会的名义专门集中研究探讨文化课题，指出要全面认识祖国传统文化，加强对优秀传统文化思想价值的挖掘和阐发。至此，中国共产党对待传统文化的态度更为理性科学，逐渐转变为传承和弘扬。

（五）新时代以来

进入新时代，以习近平同志为核心的党中央更注重从中华优秀传统文化中汲取治国理政的精神力量，更注重将中华优秀传统文化融入中国特色社会主义实践。党的十八大强调要“建设优秀传统文化传承体系，弘扬中华优秀传统文化”[①]。习近平总书记充分认识到弘扬中华优秀传统文化的必要性和紧迫性，他强调中华优秀传统文化“是中华民族的根和魂”[②]。如何对待传统文化？习近平总书记给出了方法论指导，他强调要

①《胡锦涛文选》第三卷，人民出版社 2016 年版，第 639 页。

②《习近平谈治国理政》第二卷，外文出版社 2017 年版，第 426 页。

“结合新的实践和时代要求进行正确取舍……努力实现传统文化的创造性转化、创新性发展”[①]。党的十九大报告强调传统文化要在继承中创新、在创新中继承，要结合时代要求继承创新，也就是传统文化的创新与发展要体现时代精神。党的十九届六中全会总结进入新时代以来的重大成就时，指出中华优秀传统文化是中华民族的突出优势，必须结合新的时代条件传承和弘扬好。至此，中国共产党确立了坚持创造性转化、创新性发展的“两创”方针，采取多种举措传承弘扬中华优秀传统文化。中华优秀传统文化得到广泛弘扬，影响力显著提升。

在不同的阶段，由于对待传统文化的侧重点不同，因而对待传统文化的态度也略有变化，但从本质上说，继承和弘扬中华优秀传统文化是中国共产党人一贯秉持的科学态度。同时中国共产党非常注重将中华优秀传统文化融入经济社会发展的方方面面，尤其是将中华优秀传统文化融入政德建设中，为各个时期的政德建设打开了思路，丰富了内容，拓宽了视野。[②]

二、中国共产党百年政德建设的经验梳理

中国共产党在百年历史发展进程中，根据不同时期的形势、任务和目标，以马克思主义为指导对传统文化进行细密甄辨，充分汲取其中的思想精华和道德精髓，将其融入政德建设实践中，为中国共产党的党性教育提供了极富民族特色的文化资源。

---

①《习近平谈治国理政》第二卷，外文出版社 2017 年版，第 313 页。

② 胡亚军、霍雨慧、孔文思:《中华优秀传统文化融入干部政德教育的历史考察》,《沂蒙干部学院学报》2021 年第 2 期。

（一）新民主主义革命时期的政德建设

新民主主义革命时期，中国共产党面临的主要政治任务是民族独立与人民解放。这一时期，党的力量较为弱小，又时刻面临敌人严密的政治包围和残酷的武力威胁。因此在这一时期，对党忠诚、英勇善战、不怕牺牲是对党员最基础、最核心的素养要求。需要注意的是，当时中国共产党既要应对革命斗争，又要统筹党员教育，这对于幼年时期且尚不健全的党组织来说难度巨大，这也就决定了此时期的干部政德建设会经历一个从不成熟到成熟的发展阶段。

首先，树立共产主义道德理想。理想是行动的先导，对理想信念的要求是无产阶级政党建设的首要关注点。中国共产党是以马克思主义为指导的无产阶级政党，是以实现人的解放和全面发展为奋斗目标的使命型政党。实现这一目标的基本前提，就是党组织的所有成员都必须有坚定的理想信念和阶级立场，能够时刻应对各种物质诱惑和思想侵蚀。

基于对理想信念重要性的认识，中国共产党自成立之初便把它写入《中国共产党章程》等重要文件中，还在革命斗争中进行了及时具体的阐述和运用。党的一大提出“以共产主义精神教育”[①]党员，要求申请入党的人不得具有非共产主义的思想倾向，以保证党员的质量和党的先进性。土地革命时期，党的工作中心向农村转移，为克服非无产阶级思想，实行思想上建党，1929 年古田会议提出了“纠正党内非无产阶级意识的不

---

①《建党以来重要文献选编（一九二一——一九四九）》第一册，中央文献出版社 2011 年版，第 24 页。

正确倾向问题”[①]，强调党员应该具备马克思主义的思想观念和道德品质。抗日战争时期，1937 年毛泽东同志在《中国共产党在抗日时期的任务》报告中提出：“共产党人决不抛弃其社会主义和共产主义的理想。”[②]1939 年，刘少奇同志在《论共产党员的修养》中指出，共产党员最基本的责任就是要实现共产主义，阐述了加强共产主义道德修养的重要性。

由此可见，中国共产党对理想信念的教育贯穿于新民主主义革命时期的全过程，通过强化党员干部的阶级意识、突出阶级立场来为革命斗争凝聚人心。在这一过程中，广大党员干部逐步认识到，作为无产阶级政党的成员，只有主动投入革命洪流，才能摒弃消除自身的旧道德、旧思想，始终做到在大风大浪面前立场坚定。

其次，明确为人民服务的道德宗旨。如果说共产主义道德理想回答的是“信什么”的问题，那么为人民服务回答的则是“为什么人”的问题。明确为人民服务的道德宗旨，是中国共产党为实现共产主义道德理想提出的价值原则。鸦片战争后，地主阶级、农民阶级、资产阶级等轮番登场，几经救国努力但终究无果，究其原因，一是没有正确的思想指导，二是没有强大有力的领导力量。由于阶级和思想的局限性，他们没有认识到人民群众是历史的主体、社会变革的决定力量，只有从人民的利益出发，实现并维护人民的利益才能调动中国最广泛的救国力量。为此，1925 年，毛泽东同志在《中国社会各阶级的分析》等中对当时中

①《建党以来重要文献选编（一九二一——九四九）》第六册，中史文献出版社 2011 年版，第 726 页。

②《建党以来重要文献选编（一九二一——九四九）》第十四册，中央文献出版社 2011 年版，第 184 页。

国社会的力量进行了详细分类论述，并提出广大贫农是中国革命的朋友，要动员他们参与到革命斗争中来。1927年至1937年，中国共产党广泛发动人民参与土地革命，不仅帮助广大群众获得土地这一重要生产资料，更实现了动员劳苦大众积极投身革命斗争的目标。这些宣传教育和实践探索为后来中国共产党对奋斗宗旨的提炼奠定了重要基础。1939年2月，毛泽东同志在给张闻天的信中，第一次提出了“为人民服务”的说法，但当时提出这一说法并不是为了党性教育，而是为了剖析孔子思想。1939年12月，毛泽东同志在《大量吸收知识分子》中提出知识分子应当“为群众服务”，这是检验他们能否入党的重要标准。同月，在《纪念白求恩》一文中，将“有利于人民的人”确立为共产党员奋斗的重要目标。1944年，毛泽东同志在张思德追悼会上发表演讲，提出“为人民利益而死，就比泰山还重；替法西斯卖力，替剥削人民和压迫人民的人去死，就比鸿毛还轻”。后来，他又对演讲内容进行删减，命名为《为人民服务》，这是中国共产党人第一次从理论上对政党宗旨进行的提炼解读。之后，毛泽东同志多次在不同场合对这一理念的内涵进行论述。1945年4月，经过理论和实践的充分准备，毛泽东同志在党的七大报告上正式提出“全心全意为人民服务”，并将其作为党的宗旨写入《中国共产党章程》，成为中国共产党的永恒价值追求。

最后，注重提升党员纪律作风。1928年4月，毛泽东、朱德等人在井冈山会师后，毛泽东在两军会师庆祝大会暨工农革命军第四军成立大会上提出三大纪律六项注意。后来，红军在转战赣南、闽西地区的过程中，又出现了一些引起群众不满的新问题。红一方面军在总结士兵委员会建设实践之后，制定了《红军士兵会章程》，对三大纪律八项注意的内容给予了明确规定。这是红军较早的道德作风和纪律建设章程。为了更

好地达到教育效果，红军以编印成册、口号上墙和歌曲编唱等形式对这一纪律规范进行广泛传播。后来，陕甘宁边区政府为治理党员、干部中出现的腐败问题，特别颁布了《陕甘宁边区政府惩治贪污暂行条例》等规定，并要求各党组织开展专题教育学习。这一文件对政府人员提出了公正廉洁、奉公守法、不贪污、不受贿、不堕落等基本要求。之后，在党的七届二中全会上，毛泽东同志提出“两个务必”的要求，“务必使同志们继续地保持谦虚、谨慎、不骄、不躁的作风，务必使同志们继续地保持艰苦奋斗的作风”①。这种忧患意识和奋斗精神蕴含着一个即将执政的无产阶级政党对自身成员的崇高道德要求。

除了军队纪律和党的纪律硬性约束，中国共产党也注重把德行作为干部评价选拔的重要标准。1938 年 10 月，毛泽东同志在扩大的六届六中全会上首次提出“才德兼备”的干部标准。他认为，领导伟大革命斗争的党，没有多数才德兼备的领导干部，是不能完成其历史任务的。根据这一选任标准，1940 年 11 月，时任中组部部长的陈云同志在起草《关于干部工作的若干问题》时特别提出，选拔干部要坚持德才并重，以德为主。这里对党员干部“德”的要求超越了一般意义上的个人道德和家庭美德，它包括了作为无产阶级政党成员的应当做到的忠于无产阶级事业和党、保持密切地联系群众、能够独立决策并承担责任以及守纪律。把“德”纳入党员干部考核评价体系，不仅体现了中国共产党对人民负责的态度，也为党赢得广大根据地群众的拥护和支持提供了支撑。

在教育方式上，中国共产党早期主要采取成立“工会”“宣传队”“农讲所”“夜校”、开办各类培训班等形式提升干部政德修养。后来，中国

---

①《毛泽东选集》第四卷，人民出版社 1991 年版，第 1438 ~ 1439 页。

共产党又创建了红军大学、工农夜校、抗日军政大学等院校，提高党员干部的思想水平和道德修养。此外，中国共产党注重集体教育，开展了诸如“反贪污反浪费”运动、向白求恩等模范人物学习运动、英雄主义教育活动、延安整风运动等，帮助领导干部加强理论学习、提升政德修养，从而推动干部队伍建设。

综上，新民主主义革命时期是中国共产党开展自身政德建设的萌芽时期，基于动荡的政治时局和浓烈的革命底色，在战争血火中考验干部信仰、在服务群众中考验宗旨情怀，这一时期涌现了诸多优秀的党性教育成果。也正是凭借着这种勇于斗争、不怕牺牲、深入群众的政治品格，“延安作风”最终经受住了历史和人民的检验，中国共产党领导中国革命事业从低潮走向高潮，实现历史性转折，建立了新中国。

（二）社会主义革命和建设时期的政德建设

新中国成立后，中国共产党面临国内百废待兴的局面。例如，在国家安全上，人民解放战争还没有完全结束。国民党残余势力伙同恶霸惯匪共同对抗新生的人民政权，严重危及社会稳定。1958年之后，中苏关系破裂，使得中国同时受到美、苏两极势力的威胁。在经济方面上，新中国成立之初生产力水平落后，常年战乱使得民生凋敝，加之解放战争之前，国民党统治下的恶性通货膨胀造成物价飞涨、投机猖獗、市场混乱。诸多困境对新中国政权的巩固带来了极为严峻的考验，这迫切需要中国共产党提升干部队伍的执政能力，增强应对各种风险挑战的政治定力和道德定力。

首先，以马克思主义理论教育整顿党风。新中国成立后，群众基于对中国共产党的信任纷纷申请入党，其中就出现了对部分党员思想把关不严、后期教育跟不上的问题。同时，新中国成立后，大多数党员、干

部的工作内容从带兵打仗转变为参与建设，面对新形势新任务，部分党员、干部还存在以革命战争思维解决建设生产问题的经验主义、惯性思维。为帮助党员、干部快速完成思想转变，扭转党内忽视理论的经验主义危险倾向，用马克思主义理论的思想方法占领意识形态阵地，在1950年、1957年等多次开展整风运动。这些整风运动的目的，一是清除少数混入党内的敌对分子，二是对思想不端正的党员进行教育，三是对修养较高的党员进行强化培养。除了阶段性的整风运动，这一时期，党中央还对党组织接收新党员的程序提出了具体要求，那就是“必须向他们进行共产主义和共产党的教育，以便在更高的水平上提高他们的觉悟”。这就意味着先把入党申请人的思想觉悟提高到组织要求，然后才能进入评价接收程序。从实际效果看，周期性的整风运动最大程度地实现了全党范围内的马克思主义理论教育，对提高全党同志用马克思主义的立场、观点和方法解决问题的能力起到了促进作用。

其次，以纪律规矩维护党组织的纯洁性。新中国成立后，随着党的工作重心从农村转移到城市，从全力领导革命战争转移到全力领导和平建设，毛泽东等中央领导同志敏锐地意识到，执政地位和执政环境的变化使党面临脱离群众乃至腐化变质的危险。当时绝大多数党员和党组织是好的，但部分新党员、新干部缺乏思想教育和党内政治生活锻炼，部分老党员、老干部革命意志衰退，滋长了个人主义、享乐主义和官僚主义作风。1949年11月，中共中央作出《关于成立中央及各级党的纪律检查委员会的决定》，宣布在中央和地方建立党的纪律检查委员会，朱德任书记。

最后，坚持又红又专，进一步突出党员干部的道德修养。1957年10月，党的八届三中全会上提出了又红又专的干部选用标准。“我们各行各业的干部，都要努力精通技术和业务，使自己成为内行，又红又专。”这里的“专”就是懂业务，“红”既是政治标准，也是道德标准。毛泽东同志深刻认识到党和国家事业的兴盛要靠干部的贤与能去落实，有品德、有修养、有能力的干部才能得到群众的拥护和尊重。这一时期，毛泽东、周恩来、朱德等老一辈无产阶级革命家率先垂范，以爱亲不为亲徇私的高度道德自觉树立了清白持家、一心为公的良好形象，成为中国共产党家风建设的楷模榜样。这一时期还涌现出了焦裕禄、王杰等一大批毫不利己、专门利人的先进共产党员，他们成为百年党史中忠诚于党、矢志为民的璀璨英模，为引导和激励全党形成为人民服务的优良作风发挥了巨大作用。

这一时期的党员教育主要采取了党内整风与群众运动相结合、党内教育与干部自修相结合、榜样教育等方式，进一步促进了干部德行的养成。如果深入细致分析这一阶段的党员干部教育，一个不能忽视的问题就是党内整风和群众运动都带有强烈的主观色彩，无法保持教育的长效性。这就为下一步加强政德教育的制度建设提出了更高的要求。

（三）改革开放和社会主义现代化建设新时期的政德建设

中国共产党围绕改革开放和社会主义现代化建设的历史任务，根据最新的形势和要求，进一步推进干部教育工作。

首先，强调领导干部坚定共产主义信仰。这一时期对共产主义信仰教育的重视不同于前两个阶段，因为这一时期面对的主要是改革开放思想价值多元的冲击和国际共产主义运动低潮的双重考验。为此，邓小平同志指出，共产主义的理想和信念是社会主义制度的真正优势，党的干部尤其是高级负责干部应当成为共产主义道德的坚定执行者。1986 年，他在接受美国记者迈克・华莱士采访时指出：“马克思主义，另一个词叫

共产主义。我们过去干革命，打天下，建立中华人民共和国，就因为有这个信念，有这个理想。”[①]1999 年，江泽民同志在纪念中国共产党成立七十八周年座谈会上指出：“我们共产党人的根本政治信仰是社会主义和共产主义。”[②]领导干部要认清共产主义理想的长期性，坚信中国特色社会主义道路。在构建社会主义和谐社会、全面建设小康社会的新征程中，胡锦涛同志再三强调：“我们既要胸怀共产主义的崇高理想，也要坚定走中国特色社会主义道路的信念，矢志不移地为实现党在社会主义初级阶段的基本路线、基本纲领而奋斗，扎扎实实地做好当前的每一项工作。”[③]

其次，强调领导干部的廉德建设。面对市场经济和改革开放大潮中出现的一些消极腐败现象，邓小平同志在审慎研判后严肃指出，“廉政建设要作为大事来抓”。在思考如何解决少数贪污腐化和滥用权力的现象时，他指出两个方法：“一个是教育，一个是法律。”

一方面，在廉政教育上，党的十五大报告从党和国家生死存亡的高度，阐释了反腐败斗争的重要性。1998 年 11 月，党内分期分批深入开展了以“讲学习、讲政治、讲正气”为主要内容的党性党风教育。党的十六大召开后，党中央坚持教育是基础，建立拒腐防变教育长效机制。胡锦涛同志指出，要加强对党员领导干部的反腐倡廉教育，认真落实“八个坚持、八个反对”的要求，深入开展理想信念和从政道德教育、党的优良传统和作风教育、党纪条规和国家法律法规教育，促进领导干部廉洁从政。十六届中央纪委七次全会强调要“加强思想道德教育和党纪

---

①《邓小平文选》第三卷，人民出版社 1993 年版，第 173 页。

②《江泽民文选》第二卷，人民出版社 2006 年版，第 361 页。

③《十六大以来重要文献选编（中）》，中央文献出版社 2006 年版，第 622 页。

国法教育，使领导干部切实做到为民、务实、清廉”[①]。2005 年 1 月起，在全党开展保持共产党员先进性教育活动。2008 年 9 月，在全党开展深入学习实践科学发展观活动。2010 年，在全党开展创先争优活动。这些活动极大地提升了党员干部的政德素养，为增强党员干部应对新时期世情、国情、党情带来的风险和挑战提供了强大精神动力和理论支持。

另一方面，在廉政制度建设上，党中央始终坚持把权力装进制度的笼子中，持续不断出台条例、规定、办法等，将廉德确定为党员干部的纪律要素。1979 年 11 月，中共中央、国务院针对部分高级干部生活特殊化问题，出台《关于高级干部生活待遇的若干规定》。[②]1980 年 3 月，中共中央公布的《关于党内政治生活的若干准则》提出了党内政治生活的 12 条准则，对全党政治生活、组织生活和全体党员行为作出基本规定。2010 年正式发布实施的《中国共产党党员领导干部廉洁从政若干准则》明确了领导干部廉洁从政的 8 项“禁止”和 52 个“不准”，初步形成了领导干部廉洁从政的行为规范。除了上述规范，还有部分作为底线道德的纪律要求。早在 1997 年 2 月，《中国共产党纪律处分条例（试行）》就已颁布。该条例共有 172 条，将违纪种类分为七大类。2003 年 12 月，党中央又对这一条例进行了增删修改，将违纪种类由七大类改为九大类。这一条例的颁布和实施有效推动了政德建设的制度化建设。后来，党中央根据世情、国情、党情发展又对这一条例进行修改。2023 年 12 月，中共中央印发了修订后的《中国共产党纪律处分条例》，要求各地区各部门认真遵照执行。

---

① 《十六大以来重要文献选编（下）》，中央文献出版社 2008 年版，第 860 页。

② 杨明娇、郑斌：《中国共产党百年政德建设历程和经验研究》，《南昌师范学院学报》2023 年第 6 期。

再次，强调党员领导干部应在道德建设上率先垂范。1986年9月，党的十二届六中全会强调，广大党员领导干部要率先发扬共产主义道德。1996年10月，党的十四届六中全会对党员领导干部进行党性党风教育做了相应要求：共产党员尤其是党员领导干部要在全党全社会发挥表率作用，身体力行共产主义道德。2001年9月，中共中央印发了《公民道德建设实施纲要》，对党员领导干部教育具有一定的指导意义。2005年6月，时任浙江省委书记的习近平同志在《光明日报》发表的《弘扬“红船精神” 走在时代前列》一文中，明确提出“继续发扬‘红船精神’，始终不渝地为最广大人民谋利益，坚持人民利益高于一切的政德，真正干出有利于党和人民事业的政绩”。

（四）中国特色社会主义进入新时代的政德建设

党的十八大以来，以习近平同志为核心的党中央深入推进全面从严治党，更加重视通过干部政德建设营造风清气正的政治生态。

首先，明确政德建设的理论内涵和时代价值。习近平总书记指出，“现在干部出问题，主要是出在‘德’上、出在党性薄弱上”，“以德修身、以德立威、以德服众，是干部成长成才的重要因素”。2017年10月，习近平总书记在党的十九大报告中对好干部“德”的要求作了深刻论述，强调“要坚持党管干部原则，坚持德才兼备、以德为先，坚持五湖四海、任人唯贤，坚持事业为上、公道正派，把好干部标准落到实处”。2018年3月，全国两会期间，习近平总书记在参加重庆代表团审议时强调，“领导干部要讲政德。政德是整个社会道德建设的风向标。立政德，就要明大德、守公德、严私德”，全面阐释了新时代政德的内涵。《2018—2022年全国干部教育培训规划》明确提出，要“开展政德教育，引导干部明大德、守公德、严私德”。2023年，中共中央印发了修订后的《干部教育培训工作条例》，正式将“政德教育”列入党性教育重要内容，这对政德教育质量提出了更高要求。

其次，运用中华优秀传统文化加强政德建设。我国自古以来就是一个重德尚德的国家，中华优秀传统文化中蕴含着丰富的修齐治平思想智慧，对新形势下加强领导干部政德建设有着重要的借鉴作用。习近平总书记指出，“中国优秀传统文化的丰富哲学思想、人文精神、教化思想、道德理念等……也可以为道德建设提供有益启发”。在推动马克思主义基本原理同中国具体实际相结合、同中华优秀传统文化相结合的时代要求下，要挖掘中华优秀传统文化中“大同小康”“民惟邦本”“和合共生”“礼法合治”“尚贤使能”“为政以德”“协和万邦”“忧患意识”“与时偕行”等政德思想，结合全面从严治党部署和新时代干部队伍建设要求进行创造性转化、创新性发展，帮助干部涵养为政之德。

三、中国共产党运用中华优秀传统文化推进政德教育的经验

（一）坚持以马克思主义为指导，坚持正确政治方向

政治性是开展党性教育应坚持的首要属性，马克思主义是开展党性教育应当坚持的指导思想。政德教育在干部教育培训中从属于党性教育，其目标在于帮助领导干部打牢从政之基、涵养为政之德。因此，政德教育要牢牢把握政治性原则，始终把提高党性修养作为首要要求，教育引导广大干部练就把握方向、把握大势、把握大局的能力，学会辨别政治是非、保持政治定力、驾驭政治局面、防范政治风险。在将中华优秀传统文化融入政德教育的过程中，要坚持中华优秀传统文化是教育资源而不是指导思想的立场，坚决杜绝以中华优秀传统文化取代马克思主义指导地位的情况。从内容选择和方法使用上，要坚持马克思主义的世界观

和方法论，确保政德教育完整、准确、全面贯彻中国共产党制定的路线方针政策和决策部署。

同时，将中华优秀传统文化融入政德教育还要坚持创造性转化和创新性发展。虽然中华传统文化中蕴含着丰富深邃的政德思想，但其时代和阶级局限性决定了其中必然有落后腐朽的糟粕。中国共产党对待中国传统文化的百年历史经验告诉我们，要理性客观地做好中国传统文化的鉴别传承工作。因此，在融入过程中，要首先对其进行清理辨析，而不是照搬照抄或者全盘否定。毛泽东同志指出："中国的长期封建社会中，创造了灿烂的古代文化。清理古代文化的发展过程，剔除其封建性的糟粕，吸收其民主性的精华，是发展民族新文化提高民族自信心的必要条件；但是决不能无批判地兼收并蓄。"[①] 对传统文化去粗取精的过程，就是研究学习的过程。习近平总书记指出："要坚持古为今用、以古鉴今，坚持有鉴别的对待、有扬弃的继承，而不能搞厚古薄今、以古非今，努力实现传统文化的创造性转化、创新性发展，使之与现实文化相融相通，共同服务以文化人的时代任务。"在干部教育培训中，要用马克思主义方法论指导中华优秀传统文化融入政德教育的全过程，以守正创新的历史自觉和文化自信把中华优秀传统文化中的政德思想挖掘好、利用好、转化好。

（二）发挥多元教育载体合力，切实增强政德教育的实效性

创新中华优秀传统文化融入政德教育的途径和载体，是政德教育取得实效的关键。要充分挖掘儒家政德思想与当代干部政德的会通性和现代适应性，丰富并用好传承载体，充分发挥好优秀传统文化的时代价值。

---

①《毛泽东选集》第二卷，人民出版社 1991 年版，第 707 ~ 708 页。

一是组织开展教育培训，重视发挥党校的主阵地作用。1933年3月，马克思共产主义学校创立，1935年改称为中央党校。党校的教育培训注重将中华优秀传统文化融入政德教育，为广大干部更好地完成党领导的伟大事业提供了精神动力。党的十六大以后，成立了中国浦东干部学院、井冈山干部学院、延安干部学院，进行了卓有成效的政德教育。党的十八大以后，包括山东济宁政德教育干部学院在内的多所干部学院也围绕着“推动中华优秀传统文化融入政德教育”相关主题进行了卓有成效的探索。《2018—2022年全国干部教育培训规划》明确提出，加强中华优秀传统文化学习教育。二是开展党内集中教育。不断进行自我教育，是中国共产党的宝贵经验。我们党成立以来，开展过多次大规模集中教育，对统一思想、纯洁队伍、提升政德修养发挥了非常重要的作用。三是用优良家风涵养政德。从“诗礼传家”到“以学兴家”，从“家和睦邻”到“以爱暖家”，从“俭以养德”到“以俭持家”，从“践行忠孝”到“家国情怀”，传统家风与红色家风始终相辅相成、相得益彰，可以说重视家庭建设和家风培育是新时代开展政德教育的鲜明特色。四是发挥大众传媒的作用。中国共产党对利用大众传媒进行政德教育进行了探索和实践，积累了一定的经验，包括加强报刊、大众传媒网络建设，提升新闻工作者素养等一系列措施。

中华优秀传统文化中蕴含着知行合一、经世致用的宝贵思想，倡导学以成人、学以安人。将中华优秀传统文化融入政德教育要注重知、行、意、情的统一，即传承中华优秀传统文化中注重实用实干的精神基因，将其注入新时代担当奉献的使命洪流。中共中央办公厅印发的《关于进一步激励广大干部新时代新担当新作为的意见》强调，各级党委（党组）要大力加强干部思想教育，引导和促进广大干部强化“四个意识”，坚

定“四个自信”，切实增强政治担当、历史担当、责任担当，努力创造属于新时代的光辉业绩。其中，政治担当是首要内容。实践实干是提升政治能力、锤炼政治担当最好的课堂。政德教育培训要发扬理论联系实际的马克思主义学风，坚持教、学、做合一，在促进干部主动担当、敢于担当、善于担当方面下功夫，要引导学员把自己摆进去、把职责摆进去、把工作摆进去，把学习与实践结合起来，以知促行、以行促知、知行合一。要强化实践导向、需求导向、问题导向，杜绝政德教育培训上的形式主义，把斗争精神、斗争本领作为政德教育培训的重要内容，努力解决对党中央决策部署贯彻表面化、概念化的问题，抓工作不具体、大而化之的问题，不实抓、形式主义的问题，不真抓、蜻蜓点水的问题，不敢抓、爱惜羽毛的问题，努力做到面对大是大非敢于亮剑，面对矛盾敢于迎难而上，面对危机敢于挺身而出，面对失误敢于承担责任，面对歪风邪气敢于坚决斗争，努力在新时代呈现新担当、展现新作为。

（三）遵循干部教育培训规律，突出政德教育的全过程性

汲取传统政德智慧，为提升新时代政德教育专业化水平注入活力。弘扬中华优秀传统文化，向古人借智慧，要把传统古人的政德思想同新时代涵养政德修养的实践密切结合起来。在思考如何结合的问题上，可以从以下两方面入手。

一方面，以科学的认识为前提，把握政德教育的规律性。要把握领导干部的成长规律、干部教育培训的规律、教育者与被教育者的双向互动规律，开展分层分类的培训，在提高教育培训的实效性上下功夫，同时强化党员干部的自律意识和自我教育。二是以科学的规划为依托，突出政德教育的系统性。要实现政德教育资源体系的系统化、程序规划的系统化、教育目标和任务规划的系统化、管理的系统化。拓展完善教育内容，把政德教育贯穿学员教育和管理的全过程。三是以科学的方法为支撑，体现政德教育的生动性。优化教育载体，统筹优秀传统文化资源，增强优秀传统文化教育的现实性和时代感。四是以科学的制度机制为保障，确保政德教育的长效性。建立健全领导干部涵养政德的外在约束机制和内在动力机制，寓政德教育于严格的组织生活、日常生活中，贯穿领导干部的一生，持之以恒，常抓不懈。

另一方面，做好政德教育资源统筹工作，形成教育合力。要对科研人才、教师、教材等资源不断加强统筹整合，将更多的文化“两创”成果融入党性教育中。一是统筹人才资源。精准对接儒学、党建研究专家和精通传统文化的领导干部，为政德教育专题课打造、学术咨询、研究交流等提供智力支持。二是统筹教师资源。面向各级领导干部、专家学者、乡土人才，选拔一批政治理论强、传统文化素养高的复合型师资，建立专兼职结合的名师库。三是统筹教材资源。译注中华优秀传统文化经典，开发辅助教材，帮助党员干部深入理解儒家文化经典中的政德智慧，形成知而后学、知而后行的浓厚氛围。

第三章
中华优秀传统文化中蕴含着丰厚的政德教育资源

政德教育离不开对中华优秀传统文化的吸收发展和传承创新。中华优秀传统文化中蕴含着丰富的治国理政思想。党的二十大报告指出："中华优秀传统文化源远流长、博大精深，是中华文明的智慧结晶，其中蕴含的天下为公、民为邦本、为政以德、革故鼎新、任人唯贤、天人合一、自强不息、厚德载物、讲信修睦、亲仁善邻等，是中国人民在长期生产生活中积累的宇宙观、天下观、社会观、道德观的重要体现，同科学社会主义价值观主张具有高度契合性。"这一重要论述，对我们正确认识与把握中华优秀传统文化的时代价值，充分挖掘其在当代中国发展的独特优势，有着重要指导意义。习近平总书记指出："历史是最好的老师。要治理好今天的中国，就要善于从中华优秀传统文化中汲取治国理政的理念和思维，对我国古代治国理政的探索和智慧进行积极总结。"

中华优秀传统文化中蕴含着丰富的政德教育资源，如"四书""五经"、《资治通鉴》、《群书治要》等经典著作中体现的忠诚、爱民、廉洁、勤政等政德要求。我们应当注重对中华优秀传统文化的转化，使其与中国共产党人的理想信念、宗旨意识、底线意识、担当精神、家风家教和党性修养等结合起来，达到古为今用的目的。

一、"忠诚"理念与干部的理想信念

《说文解字》："忠，敬也。"段玉裁注曰："尽心曰忠。"以"敬"的态度去做事，即所谓"忠"。《礼记》中有"忠信，礼之本也"的说法，孔颖达解释道："忠者，内尽于心也。"《论语》中提到"子以四教：文、行、忠、信""主忠信""言忠信"，还有"子张问政，子曰：'居之无倦，行之以忠'"。在孔子看来，为人"主忠信"就是崇德，做到孝慈也是"忠"；在君臣关系上，"君使臣以礼，臣事君以忠"；在为政上，要"居之无倦，行之以忠"。孟子也提倡忠信，"修其孝悌忠信，入以事其父兄，出以事其长上""教人以善谓之忠""仁义忠信，乐善不倦，此天爵也"。

忠也是一种重要的德行。《左传·文公元年》指出："忠，德之正也。"《新书》："忠者，德之厚也。"在历史发展过程中，"忠"有了对君主忠诚的内涵。秦朝奉行法家思想，但是依然把忠作为官员的重要德行。云梦睡虎地秦简中有一篇《为吏之道》，其中提到"吏有五善：一曰中（忠）信敬上，二曰精（清）廉毋谤，三曰举事审当，四曰喜为善行，五曰龚（恭）敬多让。五者毕至，必有大赏"，将"忠"视为从政的首要德行，而且提到要"以忠为干"，把忠德作为主体。汉初统治者虽然提出以孝治天下，但也强调"移孝作忠"。《孝经》中说："以孝事君则忠。"汉代人普遍把对君王的忠孝视为臣子应有的德行，如《汉书·晁错传》："知所以忠孝事上，则臣子之行备矣。"忠诚成为臣子应有之责。汉代马融在《忠经》中专门论述了"忠"的意义，他认为"天之所覆，地之所载，人之所履，莫大乎忠"。"为国之本，何莫由忠？忠能固君臣，安社稷，感天

地，动神明，而况于人乎？”《忠经》还从身、家、国三个层面指出忠的重要性，“一于其身，忠之始也；一于其家，忠之中也；一于其国，忠之终也”。忠于己，要尽心；忠于家，要尽责；忠于国，是忠的最高境界。“上思利民，忠也。”“临患不忘国，忠也。”“将死不忘卫社稷，可不谓忠乎？”这说明为国尽忠，利国利民，就是做到了“忠”。

在古代社会中，忠是非常受重视的政治德行，在标榜“以孝治天下”的社会里，忠、孝往往并称，甚至“求忠臣必于孝子之门”。《说文解字》：“孝，善事父母者。”这说明“孝”是基于人伦而发的一种情感。《左传・隐公三年》：“君义，臣行，父慈，子孝，兄爱，弟敬，所谓六顺也。”因为古代中国“家国同构”的特点，“孝”的内涵逐渐扩展至政治伦理领域。《论语・为政》载，有人问孔子为什么不从政，孔子回答说：“《书》云：‘孝乎惟孝、友于兄弟，施于有政。’是亦为政，奚其为为政？”在这里，孔子认为在家做到孝顺双亲、兄弟友爱也是为政。“孝”字在《论语》中出现了19次。孔子将“孝”作为其思想的重要基础。他的学生有若说：“其为人也孝弟，而好犯上者，鲜矣；不好犯上，而好作乱者，未之有也。君子务本，本立而道生。孝弟也者，其为仁之本与！”把孝视为仁的根本。因此，后世也将孝道作为重要的政治品德，并将孝与忠联系起来。《大戴礼记・曾子大孝》中说：“事君不忠，非孝也。”“忠”“诚”连用最早见于《荀子・尧问》：“忠诚盛于内，贲于外，形于四海。”所谓“忠诚”，就是对国家、对人民、对事业尽心尽力，真心诚意。《孝经》里提出：“君子之事上也。进思尽忠，退思补过，将顺其美，匡救其恶，故上下能相亲也。”

天下至德，莫大乎忠。“行之以忠”是为政之德，是坚定理想信念的表现。忠是我们党不断发展壮大的内生动力，源于共同的理想信念。中华民族历来把“忠诚”作为重要的人生美德和崇高的价值追求之一，我们党的百年奋斗史亦是一部中国共产党人的忠诚史。习近平总书记指出:“对党忠诚必须是纯粹的、无条件的，是政治标准、更是实践标准。”忠诚的楷模古有“人生自古谁无死，留取丹心照汗青”的文天祥，今有“航空报国英模”罗阳。“忠诚干净担当”，忠居首位，对党忠诚是党员干部的基本政治要求，是最根本、最重要的政治品格。忠诚既是检验党员党性纯度的试金石，也是找准解决问题路径的铺路石。我们党一路走来，经历了无数艰险和磨难，靠的是千千万万党员的绝对忠诚。因此，要始终把对党忠诚放在首位，永葆对党的忠诚之心、对人民的赤子之心，牢记时代赋予的责任，践行“对党忠诚”的入党誓词。习近平总书记指出:“理想信念就是共产党人精神上的‘钙’，没有理想信念，理想信念不坚定，精神上就会‘缺钙’，就会得‘软骨病’。”中国共产党的干部必须对党忠诚，坚定理想信念，增强党性修养，在大是大非面前不能动摇基本政治立场，增强为党和人民事业不懈奋斗的自觉性和坚定性。

理想信念是中国共产党人的精神支柱和政治灵魂。古人说:“先立乎其大者，则其小者弗能夺也。”“万物得其本者生，百事得其道者成。”对于政党来讲，这“大”“本”“道”就是理想信念。党的理想就是要实现共产主义远大理想和现阶段党的奋斗目标。从党成立之日起，为伟大的共产主义崇高理想奋斗，为中国人民谋幸福，为中华民族谋复兴，是一代代共产党人坚定不移的信念和终生不渝的目标。这个伟大崇高的目标引领着共产党人勇往直前、许身为党，激励着共产党人英勇献身、视死如归。对党忠诚，就是要做马克思主义的坚定信仰者和忠实实践者，自觉用党的创新理论武装头脑，以理论上的清醒保证政治上的坚定。我们党是靠革命理想和铁的纪律组织起来的马克思主义政党，纪律严明是党

的光荣传统和独特优势。对党忠诚，就必须严守党的政治纪律和政治规矩，牢固树立正确的权力观、政绩观、事业观，坚持把政治纪律和政治规矩摆在最前面，不断增强政治判断力、政治领悟力、政治执行力，始终做政治上的明白人。

二、“民本”理念与干部的宗旨意识

中华优秀传统文化强调“重民”“爱民”，提倡以民为本。人民在国家中处于基础地位，是国之根本，本固方能邦宁，治理国家要以人民为主体。《尚书》说：“皇祖有训，民可近，不可下，民惟邦本，本固邦宁。”《尚书》中还提及“用保乂民”“用康保民”“惟民其康乂”“惠康小民”“裕民”“民宁”“欲至于万年，惟王子子孙孙永保民”等。就是说，要想保持统治至于万年，统治者就得永远保民。

春秋战国时期，各诸侯国为了争霸，十分重视民众。《国语·周语中》载，晋“是有五胜也：有辞，一也；得民，二也；军帅强御，三也；行列治整，四也；诸侯辑睦，五也”。“得民”正是晋胜楚的重要原因之一。汉代贾谊认为：“闻之于政也，民无不为本也，国以为本，君以为本，吏以为本，故国以民为安危，君以民为威侮，吏以民为贵贱。”民心向背是国家存亡、盛衰的根本因素。《中庸》中讲：“为政在人，取人以身，修身以道，修道以仁。”

仁是儒家思想的核心，被称为“全德”。孔子说“仁者爱人”，点明了“仁”的核心内涵。在儒家的观念中，人是可贵的，“天地之性，人为贵”。重视人是儒家仁爱精神的核心内涵。孔子“仁”的思想多和民本相关。《论语·雍也》载：“子贡曰：‘如有博施于民而能济众，何如？可谓仁乎？’子曰：‘何事于仁？必也圣乎！尧舜其犹病诸。’”我们从中可以得知，孔子非常重视仁德。到了战国时期，孟子见梁惠王，梁惠王问："何以利吾国？"孟子直言相告："王何必曰利？亦有仁义而已矣。"孟子明确提出为政者应"施仁政于民"。孟子所提的"仁政"内容丰富，如经济上的"制民恒产"，君臣关系上的"民贵君轻"，社会治理上的"省刑罚，薄税敛"等。孟子将"仁者爱人"中的推己及人之心扩展到政治层面，继承了孔子的"博施济众"思想，大力倡导"仁政"。孟子说："君子之于物也，爱之而弗仁；于民也，仁之而弗亲。亲亲而仁民，仁民而爱物。"这是讲要由仁民扩展到爱物，宋代张载所说的"民胞物与"就是指这种崇高的境界。

爱民要忧民恤民，执政者要考虑人民的忧与乐。"乐民之乐者，民亦乐其乐；忧民之忧者，民亦忧其忧。"与民同乐、与民同忧，这样才能得到人民的支持与响应。孟子要求君王关心民之疾苦，绝不可盘剥民众，不然将会造成"庖有肥肉，厩有肥马，民有饥色，野有饿莩"的恶果。墨子认为："民有三患：饥者不得食，寒者不得衣，劳者不得息，三者民之巨患也。然即当为之撞巨钟、击鸣鼓、弹琴瑟、吹竽笙，而扬干戚，民衣食之财将安可得乎！"

民心向背是国家存亡、盛衰的根本。春秋时期的齐襄公为政无常，鲍叔牙指出："君使民慢，乱将作矣。"后来，齐襄公果然为连称等人所杀。周穆公在总结历史经验教训时说："以言德于民，民歆而德之，则归心焉。上得民心，以殖义方，是以作无不济，求无不获，然则能乐。"反之，"上失其民，作则不济，求则不获，其何以能乐？"统治者只有采取有利于民的措施，使人民生活富裕、安居乐业，才能使社会和谐安宁。春秋时期，管仲提出："凡治国之道，必先富民。"这一思想为历代统治者所接受。唐太宗曾发出"民乐则官苦，官乐则民劳"的感慨。他深知，

“日所衣食，皆取诸民者也”。民众是赋税之源，国家财政依赖民众，所以“为君之道，必须先存百姓，若损百姓以奉其身，犹割股以啖腹，腹饱而身毙”。为政者要有范仲淹“先天下之忧而忧，后天下之乐而乐”的情怀，时刻把民众的冷暖放在心上。清朝诗人郑板桥发出呼声：“衙斋卧听萧萧竹，疑是民间疾苦声。些小吾曹州县吏，一枝一叶总关情。”明朝朱元璋说：“夫善政在于养民，养民在于宽赋。”“朕本农夫，深知民间疾苦。”他告诫诸将：“畜兵所以卫民，劳民所以养兵。”兵民相资，彼此相利，严禁军队扰民。他还非常重视利民富民惠民的问题，认为“民富则亲，民贫则离。民之贫富，国家休戚系焉”，“若年谷丰登，衣食给足，则国富而民安”。朱元璋还制定了一系列政策，如允许农民耕种荒地，从宽规定田赋等。明末清初思想家黄宗羲说：“盖天下之治乱，不在一姓之兴亡，而在万民之忧乐。”他把“万民之忧乐”与国家“治乱”相联系，很有见地。明朝张居正主张安民忧民，他说：“安民之道，在于察其疾苦。”这些都是忧民恤民的生动体现。

人民是历史的创造者。“得民心者得天下，失民心者失天下”，这是亘古不变的历史规律。中国共产党继承和发展了中国传统政治哲学的民本思想，将其与马克思主义相结合，把为中国人民谋幸福、为中华民族谋复兴作为初心使命，团结和带领全国人民实现了从站起来、富起来到强起来的伟大飞跃。一百多年来，人民群众之所以始终拥护中国共产党，就是因为我们党始终坚持全心全意为人民服务。习近平总书记强调：“全心全意为人民服务，是我们党一切行动的根本出发点和落脚点，是我们党区别于其他一切政党的根本标志。”

确立和坚持全心全意为人民服务的根本宗旨，是中国共产党的性质决定的。马克思、恩格斯在《共产党宣言》中揭示了无产阶级运动与以往一切运动的区别:“过去的一切运动都是少数人的,或者为少数人谋利益的运动。无产阶级的运动是绝大多数人的,为绝大多数人谋利益的独立的运动。”1944 年 9 月,毛泽东同志在为悼念张思德烈士而作的《为人民服务》演讲稿中指出:“我们的共产党和共产党所领导的八路军、新四军,是革命的队伍。我们这个队伍完全是为着解放人民的,是彻底地为人民的利益工作的。”我们党是用马克思主义武装起来的政党,遵循的是无产阶级政党的建党原则。《中国共产党章程》开宗明义,宣告“中国共产党是中国工人阶级的先锋队,同时是中国人民和中华民族的先锋队”,明确规定党的建设要“坚持全心全意为人民服务”“党在任何时候都把群众利益放在第一位,同群众同甘共苦,保持最密切的联系”。中国共产党与人民休戚与共、生死相依,除了工人阶级和最广大人民群众的利益,没有自己特殊的利益,从来不代表任何利益集团、任何权势团体、任何特权阶层的利益。

三、“廉洁”理念与干部的底线意识

中华优秀传统文化中蕴含着丰富的“廉”文化,如“莅官之要,曰廉曰勤”“彼美君子,一鹤一琴,望之凛然,清风古今”“公生明,廉生威”“出淤泥而不染,濯清涟而不妖”等。关于“廉”字的基本含义,《说文解字》曰:“廉,仄也。从广,兼声。”段玉裁注曰:“廉,棱也。引申之为清也,俭也,严利也。”宋玉《招魂》:“朕幼清以廉洁兮,身服义而未沬。”王逸注:“不受曰廉,不污曰洁。”“清廉”往往并称,而《玉篇·水部》解释说:“清,澄也,洁也。”贾公彦疏:“廉者,洁不滥浊也。”由此可以看出,“廉”有“清廉”“廉洁”之义。

早在先秦时期,中国就出现了“廉”的思想。《尚书》中提到人的九

种德行，其中之一就是“简而廉”。《孔子家语·五刑解》：“凡治君子，以礼御其心，所以属之以廉耻之节也。”《逸周书·谥法解》：“好廉自克曰节。”《周礼》对我国上古时期源远流长的廉政思想和周王朝实行的廉政措施做了细致分析和典型概括。《周礼·天官·小宰》提出要成为一个好官必须做到六廉：“一曰廉善，二曰廉能，三曰廉敬，四曰廉正，五曰廉法，六曰廉辨。”春秋战国时期，诸子百家争鸣，多涉及“廉”这个重大问题。孔子倡导礼治，反对贪欲，崇尚清廉。他说：“政者，正也。子帅以正，孰敢不正？”（《论语·颜渊》）“其身正，不令而行；其身不正，虽令不从。”（《论语·子路》）韩非子亦重廉，他说“毁廉求财，犯刑趋利，忘身之死者，盗跖是也”，毁弃廉洁的道德节操，贪财图利，不过是盗贼而已。《汉书·贡禹传》：“孝文皇帝时，贵廉洁，贱贪污。”由此可见，“廉洁”与“贪污”是相对立的两个概念。《史记·屈原贾生列传》：“其志洁，其行廉。”这表明中华廉洁文化在萌芽伊始就把价值观念和行为规范统一起来，“廉”以“洁”为内在动力和精神理念，“洁”以“廉”为外在形式和文化形态。

古代将“廉”作为考察官员政绩的一个重要标准。《逸周书》载，周公向周成王解释考察官员的方法时，提出“其壮者观其廉洁务行而胜私”“省其交友，观其任廉”，将“直方而不毁，廉洁而不戾，强立而无私”作为用人的一项重要标准。西汉时期，“举孝廉”是官府选拔人才的重要途径。可见，廉是为官者的重要德行，也是考察官员的重要标准。《管子》一书将“廉”视为“国之四维”之一，认为“礼、义、廉、耻”乃国之四维，“四维不张，国乃灭亡”，将“廉”的地位上升到“国之四维”的高度。明末清初的顾炎武赞同这一观点，认为“礼、义、廉、耻”缺一不可，四者之中，尤应重视“廉”和“耻”。他在《日知录·廉耻》

中说：“然而四者之中，耻尤为要……所以然者，人之不廉而至于悖礼犯义，其原皆生于无耻也。”一个人如果没有羞耻之心，视贪得无厌为正常，则廉与之远矣。武则天编写《臣轨》时专辟“廉洁”一章，言：“君子虽富贵，不以养伤身；虽贫贱，不以利毁廉。……廉平之德，吏之宝也。”欧阳修提出：“廉耻，士君子之大节，罕能自守者，利欲胜之耳。”南北朝时期，苏绰提出君主必须具备八种品德：“必心如清水，形如白玉，躬行仁义，躬行孝悌，躬行忠信，躬行礼让，躬行廉平，躬行俭约，然后继之以无倦，而加以明察。”对一名官员来说，廉洁是必须要做到的。

见利思义，“临大利而不易其义”也是廉洁的要求。《礼记·礼运》中讲：“何谓人义？父慈，子孝，兄良，弟弟，夫义，妇听，长惠，幼顺，君仁，臣忠，十者谓之人义。”义涵盖了各种社会角色的伦理行为规范。可以说，义在儒家思想中是一个十分重要的概念。孔子曾说：“君子喻于义，小人喻于利。”（《论语·里仁》）孔子的基本立场是，当义与利发生矛盾或冲突时，一个正人君子首先应考虑或选择“义”。孟子的态度可谓旗帜鲜明，他认为“大人者”“惟义所在”。孟子说：“富贵不能淫，贫贱不能移，威武不能屈：此之谓大丈夫。”“可以取，可以无取，取伤廉。”他非常注意涵养自身的浩然正气，把正气或正义看得比自己的生命还重要：“生，亦我所欲也；义，亦我所欲也。二者不可得兼，舍生而取义者也。”荀子讲：“先义而后利者荣，先利而后义者辱。”《国语·晋语》讲：“义以生利，利以丰民。”汉代董仲舒提出：“正其义不谋其利，明其道不计其功。”这些观点无疑都表明在正义与外在的物质利益发生矛盾或冲突时，要义无反顾地选择前者。

廉洁自律是中国共产党的基本要求，这就要求党员干部明底线、知敬畏，主动在思想上划出红线、在行为上明确界限，真正敬法畏纪、遵

规守矩。党的十八大以来，习近平总书记向全党明确提出要坚持底线思维。2013 年 1 月，习近平总书记在十八届中央纪委二次全会上的讲话中指出："干部廉洁自律的关键在于守住底线。只要能守住做人、处事、用权、交友的底线，就能守住党和人民交给自己的政治责任，守住自己的政治生命线，守住正确的人生价值观。"这一论述是习近平总书记关于"底线思维"在党风廉政建设上的具体运用，具有极强的现实针对性。廉洁自律是每个党员干部必备的政治品格和立身之本。中国共产党制定了《中国共产党廉洁自律准则》和《中国共产党纪律处分条例》，用来约束党员干部的行为，强调既要坚持高标准、有理想信念宗旨的高线，又要把纪律和规矩挺在前面、守住纪律规矩的底线。

底线是事物质变的分界线、做人做事的警戒线，不可踩，更不可逾越。筑牢底线意识必须抓细抓小。领导干部首先要牢牢守住政治底线、法律底线、纪律底线、政策底线、道德底线等。但是，领导干部必须坚守的底线绝不仅于此，有些底线是以法律、纪律的形式固定下来的，有些底线则是约定俗成的，需要所有党员共同坚守。对领导干部来说，明底线、守底线是一门修身正德的必修课。也就是说，领导干部必须牢固树立底线意识，时刻牢记越过底线的严重后果，始终警示自己要坚守底线，"把合格的标尺立起来，把做人做事的底线划出来，把党员的先锋形象树起来，用行动体现信仰信念的力量"。

四、"勤政"理念与干部的实干担当精神

"勤"是中国古代重要的为官箴言。书山有路勤为径，富民兴政贵在勤。"初仕以勤政为首务，政不勤则百事殆。"古代的统治者很早就认识到"勤政"的重要性。殷商君主盘庚一再告诫百官要做到"无戏怠"。

西周时，周公认为官员们的政绩取决于是否勤快，明确指出要做到“无逸”。勤是为政者必备的德行，《尚书》言“功崇惟志，业广惟勤”“克勤无怠”“克勤于邦”。周成王向百官说，自己也是“祗勤于德，夙夜不逮”。《左传·宣公十二年》指出“民生在勤，勤则不匮”，百姓生活的根基在于辛勤劳动，只有辛勤劳动才不会匮乏。

何谓勤？清代刚毅说：“黾勉从公，夙夜匪懈，谓之勤。”清代曾国藩说：“勤之道有五：一曰身勤。险远之路，身往验之；艰苦之境，身亲尝之。二曰眼勤。遇一人必详细察看，接一文必反复审阅。三曰手勤。易弃之物，随手收拾；易忘之事，随笔记载。四曰口勤。待同僚，则互相规劝；待下属，则再三训导。五曰心勤。精诚所至，金石亦开；苦思所积，鬼神亦通。五者皆到，无不尽之职。”宋人真德秀秉持勤奋之心，修身进学，勤于政事。他在《谕州县官僚》中说：“业精于勤，荒于嬉。则为士者不可以不勤。况为命吏，所受者朝廷之爵位，所享者下民之脂膏。一或不勤，则职业隳弛，岂不上孤朝寄，而下负民望乎？”他认为勤是仕者的本分，一要对得起国家给予的爵位和俸禄，二要不辜负国家和人民的“寄”“望”。因此，他坚信“当官者一日不勤，下必有受其弊者”。著名的《官箴》开篇就说：“当官之法，唯有三事：曰清、曰慎、曰勤。”明代钱琦也说：“居官者廉不言贫，勤不言劳。”为官者不能将勤劳视为值得宣扬的事，因为这是本分。当然，欧阳修说的“忧劳可以兴国，逸豫可以亡身”则强调了“勤”与为政的利害关系。“勤”被当作为政的首要美德，人们熟知的诸葛亮就是勤政敬业的楷模。古人也认识到，“不勤”将会带来不好的后果。如《左传·僖公二十八年》：“令尹其不勤民，实自败也。”《贞观政要》指出：“不勤于始，将悔于终。”朱熹认为：“守官只要律己公廉、执事勤谨、昼夜孜孜、如临渊谷，便自无他患害。”

勤政首要的问题是“无逸”。商朝君主盘庚一再告诫百官要“无傲从康”“无戏怠”，不要因为贪图安逸或沉湎于玩乐而荒废公务。他要求百官“自今至于后日，各恭尔事，齐乃位”，即要忠于职守，勤于治政。周公更是把官吏们的政绩大小归之于是否勤快。他明确地提出，勤政必须“无逸”，“生则逸”。此外，《周易·豫卦》云“鸣豫，凶”，名声显赫者如果贪图安逸，不思勤政，必遭凶险。《诗经·大雅·韩奕》也告诫官吏：“夙夜匪懈，虔共尔位。”

所谓勤政，就是要有高度的事业心、责任感和敬业精神，认真履行工作职责，不懒惰，不懈怠，不投机取巧和推诿拖拉，以积极认真、尽职尽责的态度对待工作，以苦干实干加巧干的精神勤奋工作，成就事业、服务人民，展现中国共产党人的使命担当。担当是勇于面对大事、难事的责任意识，是一股披荆斩棘、一往无前的拼劲，是一股不屈不挠、永不放弃的韧劲，更是一种“铁肩担道义”“敢为天下先”的胆识和气魄。中国共产党能够团结带领全国各族人民推动伟大事业不断向前进的重要原因之一，就是有对国家、对人民的担当精神。中国共产党人的担当精神深深植根于中华民族的优秀传统，建立在对中国人民的朴素感情上，建立在对人类社会真理的执着追求上。

担当精神深深植根于中华民族优良传统的肥沃土壤。霍去病“匈奴未灭，何以家为”、诸葛亮“鞠躬尽瘁，死而后已”、范仲淹“先天下之忧而忧，后天下之乐而乐”、文天祥“人生自古谁无死，留取丹心照汗青”、林则徐“苟利国家生死以，岂因祸福避趋之”等先贤的经典名言，生动地诠释了中华民族担当精神的深刻内涵，为后世提供了思想源泉，树立了行为标杆。中国共产党人吸收了中华优秀传统文化的精华，继承延续了担当精神的基因，并在实践中不断发扬光大。担当精神源于对人民的深厚感情。中国共产党把中华民族的担当精神上升到新的境界，以全心全意为人民服务为根本宗旨。中国共产党的根基在人民，血脉在人民，力量也在人民。

历史证明，没有对人民的深厚感情，没有“全心全意为人民服务”的宗旨，中国共产党人不可能有为人民利益而奋斗不止的担当精神，也就不可能在茫茫的黑夜中开辟出一条崭新的道路，谱写出全新的历史篇章。担当精神源于对真理的坚定信仰，激励着中国共产党人牢记使命，勇于担当，公而忘私，奉献牺牲。在国家独立、人民解放的斗争中，在民族富强、国家振兴的艰辛探索中，在经济发展、社会进步的改革大潮中，不断涌现出中国共产党人不畏牺牲、甘洒热血的动人故事，始终都有“我是一名党员，这是我的责任”的铮铮誓言在人们耳边回响。

五、“孝悌”理念与干部的家风家教

“百善孝为先”，孝是中华民族的传统美德，是中国人品德形成的基础。孝道文化是尊老敬老的一种文化传统。孝早在西周时期便被作为一种伦理观念正式提出。《尔雅》:“善父母为孝。”贾谊《新书》曰:“子爱利亲谓之孝。”许慎《说文解字》曰:“善事父母者。从老省，从子。子承老也。”由此可见，中国古代对孝最基本的规定是善事父母。当时，孝主要有两层含义：一是尊祖敬宗。施孝（尽孝）的方式主要是祭祀，在宗庙通过奉献供品祭祀祖先，尽孝的对象是死去的亲人。二是传宗接代。在周人看来，祖先赋予了我辈生命。因此，崇拜祖先就要把祖先的生命延续下去，生生不息。《荀子》有言:“先祖者，类之本也……无先祖，恶出？”孔子创立“仁学”后，“孝”成为“仁”的重要内容之一，被认为是践行仁义的起始处，是伦理道德的基础。

悌，古籍多写作“弟”。汉代贾谊认为，“兄敬爱弟谓之友”“弟敬爱兄谓之悌”（《新书·道术》）。“兄友弟恭”乃处理家庭中兄弟关系的道德规范，它要求兄弟之间相互关心、相互爱护、相互帮助、团结一心、同甘共苦。中国自古以来就特别重视兄弟关系，孟子将兄弟关系列为“五伦”之一，《中庸》将之列为“五达道”之一，《白虎通义》将之列为“六纪”之一，《礼记》将之视为“人义”。古人重视兄弟关系，除因兄弟是家庭的重要成员外，主要是由宗法制决定的。中国古代的宗族乃是以血缘关系为纽带而结成的群体，其中存在不同辈分的复杂关系。为使这种血缘关系和谐有序，别长幼、明尊卑是十分重要的。在宗族内部，既要处理好晚辈与长辈的关系，也要处理好平辈之间的关系。要维系宗族内部的协调和谐，不仅需要孝慈的道德，还需要友悌的道德。在家庭中，相对于夫妻关系、亲子关系而言，兄弟关系具有更多平等的因素，其道德规范也包含着更多的合理因素。人们常常把兄弟比作棠棣、手足。兄弟团结是家庭和睦的重要标志，会受到社会的褒扬和民众的敬佩。孔子曾说：“弟子入则孝，出则悌，谨而信，泛爱众，而亲仁。行有余力，则以学文。”（《论语·学而》）孟子认为，尊敬和奉养父母是孝的基本内容，要求统治者用孝悌来教化百姓，使百姓懂得孝顺父母、尊敬兄长的伦理道德。荀子强调“兴孝弟”（《荀子·王制》）是安民、安政的措施之一，把孝悌纳入礼的范围，使孝体现出丰厚的人文精神。可见，孝悌是做人、做学问的根本。

中华民族自古以来就重视家训在家风养成和传承中的作用，从“忠厚传家久，诗书继世长”的古训，到《颜氏家训》《朱子家训》等经典，我国历史上流传下来的家训是中华民族传统家庭美德的重要体现。家训家教家风是一个家庭家族治家经验的总结，家训家书多教导后辈崇德向善、修身养性。《周易》中说:“积善之家必有余庆，积不善之家必有余殃。”诸葛亮在《诫子书》中说:“夫君子之行，静以修身，俭以养德，非淡泊无以明志，非宁静无以致远。”《颜氏家训》也告诫后人:“君子当守道崇德，蓄价待时，爵禄不登，信由天命。”清代王永彬在《围炉夜话》中说:“积善之家必有余庆，积不善之家必有余殃。可知积善以遗子孙，其谋甚远也。”由此可见，中国古代有用家训来教育人、用家教来管教子孙、用家风来陶冶人的传统。

家是最小国，国是千万家。党的十八大以来，习近平总书记围绕家庭家教家风建设做出诸多论述，深刻阐明了家庭家教家风建设的重大意义、目标任务和实践要求，高度概括了中国共产党的光荣传统和优良作风，精确总结了中华优秀传统文化精华，为加强新时代家庭家教家风建设提供了根本遵循。

习近平总书记指出，尊老爱幼、妻贤夫安，母慈子孝、兄友弟恭，耕读传家、勤俭持家，知书达礼、遵纪守法，家和万事兴等中华民族传统家庭美德，铭记在中国人的心灵中，融入中国人的血脉中，是支撑中华民族生生不息、薪火相传的重要精神力量，是家庭文明建设的宝贵精神财富。党的二十大报告将“加强家庭家教家风建设”作为“推进文化自信自强，铸就社会主义文化新辉煌”的重要内容加以强调。这是家庭家教家风建设首次被写进党代会报告，充分彰显了加强家庭家教家风建设对全面建设社会主义现代化国家、实现中华民族伟大复兴中国梦的重要作用。家风又称“门风”，是蕴含在家训、家教、家规之中，每个家庭成员应当坚持的价值准则，是一个家庭或家族世代相传的伦理理念与行事方式。

“古之人将教天下，必定其家，必正其身。”天下大事必作于细，古

今事业必成于实。领导干部作为党风政风民风建设的窗口，要做道德榜样和良好家风的践行者、推动者，筑牢党风廉政建设和反腐败斗争的家庭防线，必须以德治家、以俭持家、以廉保家。一方面严格遵守党纪国法，正确行使权力，树立底线意识，强化红线思维，常想法纪之威，常思贪欲之害，常念廉洁之福，以自身清正为“齐家”树立标杆；一方面严格要求家人等，及时纠正制止他们的不当言行，督促他们正确待权、谨慎交友，不搞特殊，不搞与众不同，不借权谋利，不当“白手套”，确保“后院不起火”“不出家丑”，以优秀的家风、家教、家训、家道带民风、促党风、转政风，推动干部清正、政府清廉、政治清明。

六、“修身”理念与干部的党性修养

修身思想是儒家思想的重要组成部分。儒家强调成人成己，强调立德、立功、立言。在儒家思想中，修身具有重要地位。《大学》云：“自天子以至于庶人，壹是皆以修身为本。”上自国家君主，下至平民百姓，人人都要以修养品性为根本。《大学》还提出格物、致知、诚意、正心、修身、齐家、治国、平天下的八条目，其中修身居于核心地位。儒家重视修身，认为修身可以促进治国理政。《中庸》讲：“凡为天下国家有九经，曰修身也，尊贤也，亲亲也，敬大臣也，体群臣也，子庶民也，来百工也，柔远人也，怀诸侯也。”接着又说“修身则道立”，在治理天下的九种方法中，修身排在第一位。王安石说“修其心，治其身，而后可以为政于天下”，认为为政者只有情操高尚、品行端正，才能不负重托，治理好家国天下。

孔子十分重视修身立德，他说：“德之不修，学之不讲，闻义不能徙，不善不能改，是吾忧也。”（《论语·述而》）孔子充分认识到修德对理政的重要作用。《论语·宪问》记载:“子路问君子。子曰:‘修己以敬。’曰:‘如斯而已乎?’曰:‘修己以安人。’曰:‘如斯而已乎?’曰:‘修己以安百姓。修己以安百姓,尧舜其犹病诸。’”孔子认为“修己”是“安人”“安百姓”的基础,因此孔子要求弟子要像打磨璞玉一样“如切如磋,如琢如磨”,不断提高自身的道德修养和道德境界。

墨子认为君子应该不断自我反省、加强修养。“君子察迩而迩修者也。见不修行,见毁,而反之身者也,此以怨省而行修矣。”(《墨子·修身》)君子能明察自己的周围,那么身边的人才能够修养自己的品德,君子不能修养自己的品德,就会受人诋毁,那么就更应当自我反省,因而怨少而品德日修。君子还要做到明辨是非,对错误的言行进行理性批判和坚决抵制。“谮慝之言,无入之耳;批扞之声,无出之口;杀伤人之孩,无存之心。”(《墨子·修身》)对于谮慝、批扞、杀伤等,要坚决摒弃,这样才能实现坚守道德理想和信念、提升自身修养的目的。

中国古人重视修身,很重要的一个方面就是慎独和慎微。“慎”字在《尚书》和《周易》中多次出现。《大学》《中庸》更是专门讲到慎独。《大学》中讲,“所谓诚其意者,毋自欺也。如恶恶臭,如好好色,此之谓自谦,故君子必慎其独也”,“人之视己,如见其肺肝然,则何益矣。此谓诚于中,形于外,故君子必慎其独也”,“有国者不可以不慎”,“是故君子先慎乎德”……关于“慎微”,《淮南子》记载:“圣人敬小慎微。”陆贾《新语》中也有《慎微》篇,里面提到“采微善,绝纤恶”。《中庸》言:“莫见乎隐,莫显乎微。”朱熹注曰:“微,细事也。”由此可以看出,古人很早就认识到了慎微的重要性。慎微就是注重事物的小处,也可以说是在事物发展的开始阶段就注意到事物发展的趋势,能够及时做出判断、调整方向,推动事物朝良性方向发展。《中庸》讲“知微之显,可与入德

矣”,《荀子》讲“夫尽小者大，积微者著”，说明了微与著的辩证关系。《后汉书·陈忠传》云:“臣闻轻者重之端，小者大之源，故堤溃蚁孔，气泄针芒。是以明者慎微，智者识几。”

韦政通认为,“将个体的普遍生命，脱胎换骨成为‘充实而有光辉’的道德生命，修身就是脱胎换骨的工夫。这是传统儒学的活水源头”。在长达两千多年的发展中，儒家修身思想形成了独特的思想体系。儒家具有强烈的自我意识，注重从自身出发，强调内在德性的开掘。中国古代思想家将修身立德视为成己成人的基础，对修身思想体系多有补充，注重修身的主体自觉性，强调“修己以安百姓”的理想追求，重视知行合一的道德践履，在历史上产生了深刻影响，塑造了中华民族崇德向善的民族性格，其影响直到今天依然存在。

党的十八大以来，习近平总书记高度重视党性教育。他曾强调:“全党同志特别是高级干部要加强党性锻炼，不断提高政治觉悟和政治能力，把对党忠诚、为党分忧、为党尽职、为民造福作为根本政治担当，永葆共产党人政治本色。”“为政之道，修身为本。干部的党性修养、道德水平，不会随着党龄工龄的增长而自然提高，也不会随着职务的升迁而自然提高，必须强化自我修炼、自我约束、自我改造。”“以庆祝建党100周年为契机，引导党员、干部加强党性锻炼、党性修养。”

习近平总书记为何如此重视党性修养？我们从他下面这段讲话中可以找到答案:“马克思主义政党的先进性和纯洁性不是随着时间推移而自然保持下去的，共产党员的党性不是随着党龄增长和职务提升而自然提高的。初心不会自然保质保鲜，稍不注意就可能蒙尘褪色，久不滋养就会干涸枯萎，很容易走着走着就忘记了为什么要出发、要到哪里去，很容易走散了、走丢了。”但是，有些党员干部置初心使命于不顾，放弃了党性修养，在违法犯罪的道路上越走越远。对此，党中央坚持有腐必反、有贪必肃，持续保持反腐败斗争高压态势，坚决整治党员干部的腐败和作风问题，有效维护了中国共产党的先进性和纯洁性。

维护中国共产党的先进性和纯洁性不仅需要各级党组织严格的教育、管理和监督，还需要广大党员以身作则，自觉加强党性修养。如何加强党员党性修养？习近平总书记给我们指明了方向："包括儒家思想在内的中国优秀传统文化中蕴藏着解决当代人类面临的难题的重要启示……中国优秀传统文化的丰富哲学思想、人文精神、教化思想、道德理念等，可以为人们认识和改造世界提供有益启迪，可以为治国理政提供有益启示，也可以为道德建设提供有益启发。"由此可见，加强党性修养，可以且应当吸收借鉴中华优秀传统文化中的丰富思想。

七、"思敬"理念与干部的敬畏之心

心有所畏方能行有所止，严以修身方能严以律己。《说文解字》云："敬，肃也。"段玉裁注曰："肃部曰：肃者，持事振敬也……心部曰：忠，敬也……恭，肃也。"《释名・释言语》说："敬，警也，恒自肃警也。"《玉篇・苟部》讲："敬，慎也。""敬，恭也。"敬主要是从内心流露出的一种情绪，最开始为"警惕"意，后来在祭祀活动中，用以表示对鬼神的敬畏。《诗经》云："敬之敬之，天维显思，命不易哉。"《礼记》也指出："夫礼之初，始诸饮食，其燔黍捭豚，污尊而抔饮，蒉桴而土鼓，犹若可以致其敬于鬼神。"这里体现了"敬"的一个重要内涵，就是"敬天"，而"敬天"还具有一定的人文伦理意义，如《尚书》中记载的"敬授人时""敬敷五教"，也被视为统治者理想人格中的一种德性要求。

从西周开始，"敬"的内涵包括了"敬德""敬民""敬事"，而且被

视为礼的思想内涵之一。《尚书》云,“王其疾敬德”“王敬作所，不可不敬德”“惟不敬厥德，乃早坠厥命”，认为统治者要敬德，不然必会“早坠厥命”；还提到“王司敬民”“往敬用治”“敬用五事”“敬明乃罚”“惟敬五刑，以成三德”，等等。徐复观认为，这种谨慎与努力，在周初是表现在“敬”“敬德”“明德”等观念里面。尤其是一个“敬”字，实贯穿于周初人的一切生活之中，这是直承忧患意识的警惕性而来的精神敛抑、集中，及对事的谨慎、认真的心理状态。《左传》云:“礼，国之干也；敬，礼之舆也。不敬则礼不行，礼不行则上下昏，何以长世?”将“敬”视为礼的重要内容。《孔子家语》也指出:“所以治礼，敬为大。”《礼记·曲礼》开篇即说“毋不敬”，郑玄注曰“礼主于敬”，孔颖达疏曰“五礼皆须敬”。

《左传》还提出“敬，德之聚也。能敬必有德，德以治民”，认为敬涵聚其他为政之德，能做到敬，自然有德。敬是为政者的重要德性，其内涵包括敬重尊长、敬重职业等。《论语》中有20多处提到“敬”，如“敬事而信”“敬鬼神而远之”“执事敬”“祭思敬”“上好礼，则民莫敢不敬”“事君，敬其事而后其食”“修己以敬”“言忠信，行笃敬”等，既有对鬼神之敬，也有祭祀中之敬，也有君子应当遵守的修养准则。《论语》中的敬既继承了商周“敬天”“敬德”的观念，也开启了君子道德修养的新领域。《庄子·渔父》:“夫遇长不敬，失礼也；见贤不尊，不仁也。”《管子·五辅》:“恭敬忠信，以事君上。”《左传·僖公五年》:“失忠与敬，何以事君?”都认为士君子要敬君、敬尊长。

敬的另一个内涵是敬畏工作。不敬畏自己的工作，就不能全心全意为民做事。《尚书·周官》说“敬尔有官，乱尔有政”，告诫官员敬畏自己的官职，做好应做的政事。《礼记》指出“爱与敬，其政之本与”，将敬视为为政的根本。《慎子·知忠》讲："官正以敬其业，和顺以事其上，如此则至治已。"《论语》中讲到君子要具备的九种操守时指出，要做到"事思敬"，将敬之德视为为政者施政的基础道德，正如孔子所说："言忠信，行笃敬，虽蛮貊之邦行矣；言不忠信，行不笃敬，虽州里行乎哉？"（《论语·卫灵公》）后世将敬发展为政治道德的重要基石。秦代至宋代之前，敬的内涵基本上没有太大变化。到了宋朝，敬的内涵为之一新。宋初诸儒面临"儒门淡薄，收拾不住"的局面，希望促使儒学重新成为显学。在此背景下，二程着力构建了以敬为本的工夫论，认为"入道以敬为本……故敬为学之大要"。朱熹受二程影响很大，他强调："'敬'字工夫，乃圣门第一义。"敬又拥有了哲学的意义。

君子之心常存敬畏。敬畏是基础，是前提。只有心怀敬畏，才会有工作热情、工作责任心和担当意识。只有心怀敬畏，才会自觉约束自己的一言一行，认真做好本职工作。邓小平同志有一段意味深长的论述："共产党员谨小慎微不好，胆子太大了也不好。一怕党，二怕群众，三怕民主党派，总是好一些。"这是对我们广大党员和领导干部心存敬畏之念的最好诠释。习近平总书记曾说："古人讲：'畏则不敢肆而德以成，无畏则从其所欲而及于祸。'没有敬畏之心，就什么乱七八糟的事都干得出来。有的人干了那么多骇人听闻的事，一个重要原因就是不知敬畏！干部一定要知敬畏、存戒惧、守底线，敬畏党、敬畏人民、敬畏法纪，不能在'月黑风高无人见'的自欺欺人中乱了心智，不能在'你知我知天知地知'的花言巧语中迷了方向，不能在'富贵险中求'的侥幸心理中铤而走险，不能在'法不责众'的错误认识中恣意妄为。"

常怀敬畏之心，首先要敬畏历史。"度之往事，验之来事，参之平素，可则决之。"历史是最好的教科书，了解历史、尊重历史才能更好把

握当下，以史为鉴、与时俱进才能更好地走向未来。党的历史是一部为谋求国家富强、民族复兴、人民幸福而自强不息的奋斗史。党员、干部要敬畏党的历史，深入学习党史，旗帜鲜明地反对历史虚无主义。常怀敬畏，就要在工作中勇于担当，始终敬畏人民。中国共产党的根基在人民，血脉在人民，力量在人民。带着对人民的敬畏之心投身工作，才能主动作为、真抓实干。权力是人民赋予的，是为党和人民做事用的，只能用来为党分忧、为国干事、为民谋利。敬畏人民，才能心系人民、热爱人民、服务人民。常怀敬畏，才能在权力面前保持清醒和理性。“善禁者，先禁其身而后人；不善禁者，先禁人而后身。”党员、干部要培养健康的生活情趣，明纪于心，尤其要在独处时、细微处等做到慎独慎微、慎始慎终。

八、“俭约”理念与干部的节俭意识

“俭”字最早见于儒家经典《尚书》中：“克勤于邦，克俭于家。”《尚书》还明确提出要坚守“俭德”：“慎乃俭德，惟怀永图。”《尚书》一书中有很多关于“俭”的记载，如《多士》篇、《无逸》篇记载周公告诫周成王不可骄奢淫逸，《周官》篇记载周成王告诫下属官僚“位不期骄，禄不期侈，恭俭惟德”。《左传・庄公二十四年》也说：“俭，德之共也。”由此可见，“俭德”在国家治理中具有重要意义。

孔子也很重视俭，他说：“礼，与其奢也，宁俭。”（《论语・八佾》）“奢则不孙，俭则固。与其不孙也，宁固。”（《论语・述而》）他的学生也评价他能够做到温、良、恭、俭、让。可见孔子是倡导节俭的。在国家治理上，他主张“节用而爱人”。孔子还反对厚葬。心爱的弟子颜回去世，其他人想厚葬颜回，孔子不同意。孟子主张减少欲望，“养心莫善于寡欲”，认为应该让百姓有恒产，反对统治者奢侈浪费，“是故贤君必恭俭礼下，取于民有制”，又说“俭者不夺人”，节俭的人不侵夺别人的财物。荀子主张“节用裕民”，也强调要节俭。《荀子·天论》说：“强本而节用，则天不能贫……本荒而用侈，则天不能使之富。”管子将奢侈视为影响社会和谐稳定的原因之一。《管子·八观》云：“国侈则用费，用费则民贫，民贫则奸智生，奸智生则邪巧作。故奸邪之所生，生于匮不足；匮不足之所生，生于侈；侈之所生，生于毋度。故曰：审度量，节衣服，俭财用，禁侈泰，为国之急也。不通于若计者，不可使用国。”

秦汉以后，人们普遍接受儒家关于“俭”的观点，典籍中对能够节俭的人物也大加称赞。如《后汉书·吴祐传》称“祐以光禄四行迁胶东侯相”。所谓“四行”，据《汉官仪》，当指敦厚、质朴、逊让、节俭。《吕氏春秋》在节欲的基础上提出适欲，即承认人基本的欲望，认为那些欲望是人性中固有的，要在此基础上去节制。汉朝初年，民生凋敝，刘邦见到萧何营造的壮丽宫阙时很生气，并怒责：“天下匈匈苦战数岁，成败未可知，是何治宫室过度也？”汉文帝更是以崇尚节俭闻名。汉代思想家陆贾、贾谊都提出崇节俭。《淮南子》指出要节欲安民，君主要做到“处静以修身，俭约以率下”。东汉时期光武帝主张开源节流，倡导薄葬；东汉思想家王充、王符也都主张节俭、薄葬。汉魏之际政论家桓范在《世要论·节欲》中指出：“历观有家有国，其得之也，莫不阶于俭约；其失之也，莫不由于奢侈。”

魏晋至隋唐年间，俭的内涵得到进一步充实。葛洪提出：“送终之制，务在俭薄。”隋文帝提倡崇俭兴国。唐朝初期统治者节俭务实，创业兴邦，而唐朝中后期奢靡之风又盛。唐太宗、魏徵等提出要戒奢以俭。讴歌节俭、劝诫奢侈成为唐诗的一个重要内容。唐代诗人李商隐更是道出

家国兴衰的警世恒言：“历览前贤国与家，成由勤俭破由奢。”李绅将“盘中餐”与农民在烈日下的汗水联系在一起，凝成了“锄禾日当午，汗滴禾下土。谁知盘中餐，粒粒皆辛苦”的名句。杜甫《往在》诗云：“君臣节俭足，朝野欢呼同。中兴似国初，继体如太宗。”白居易则写道：“岁丰仍节俭，时泰更销兵。圣念长如此，何忧不太平？”

宋朝初年形成了清廉节俭之风。如北宋司马光在《训俭示康》中训诫家人“谨身节用，远罪丰家”，特别强调：“由俭入奢易，由奢入俭难。”节俭朴素，人之美德。明代朱元璋出身穷苦之家，一直保持着节俭之风，在位期间，严惩贪官，并打击奢侈浮华现象。清朝康熙皇帝总结历代兴亡，感触颇深，把节俭视为一种美德和崇高的精神境界，认为“为官者俭，则可以养廉”。

历史上众多有识之士都生活俭朴，并将俭朴融入家风家教。诸葛亮《诫子书》：“夫君子之行，静以修身，俭以养德，非淡泊无以明志，非宁静无以致远。”《颜氏家训》：“俭者，省约为礼之谓也；吝者，穷急不恤之谓也。”宋朝人倪思告诫后人：“俭则足用，俭则寡求，俭则可以成家，俭则可以立身，俭则可以传子孙。”都体现出对子孙后代注重节俭、勤俭持家的要求和期望。

古人还十分重视俭与慎、俭与勤的关系。明代王夫之将俭、慎、勤作为杰出人才的重要素质。他说：“俭者，节其耳目口体之欲，节己而不节人。勤者，不使此心昏昧偷安于近小，心专而志致。慎者，畏其身入于非道，以守死持之而不为祸福利害所乱。能俭、能勤、能慎，可以为豪杰矣。”

勤俭节约是中华民族的传统美德，也是我们党始终坚持的优良作风和克敌制胜的重要法宝。土地革命战争时期，中央苏区曾大力推行节省运动，政府工作人员每人每日照规定食米量节省二两，节约口粮等支援前线。抗战时期，爱国华侨领袖陈嘉庚率团回国，当他亲历重庆的山珍海味与延安的粗茶淡饭后，盛赞延安“其领袖及一般公务员，勤俭诚朴，公忠耐劳”。美国记者斯诺在延安看到毛泽东等中共中央领导人，吃的是粗糙的小米饭，穿的是用缴获的降落伞改制的背心，住的是简陋的窑洞，他感慨地称赞这是共产党人身上的“东方魔力”，并断言这种力量是“兴国之光”。解放战争时期，国民党某将领被俘时并不认输，但在目睹了刘伯承、邓小平、陈毅这些布衣将军的日常生活后，心悦诚服地说，在下不光败在战场上，更败在作风和精神上。新中国成立前夕，毛泽东高瞻远瞩地要求全党同志，务必继续保持谦虚谨慎、不骄不躁的作风，务必继续保持艰苦奋斗的作风。方志敏同志曾说：“清贫、洁白朴素的生活，正是我们革命者能够战胜许多困难的地方！”

艰苦奋斗、勤俭节约不仅是我们党一路走来、发展壮大的重要保证，也是我们党继往开来、再创辉煌的重要保证。2023 年 6 月，习近平总书记在内蒙古考察时强调：“要养成俭朴之风，把生活作风问题作为检视整改的重要内容，督促广大党员干部保持清醒头脑，筑牢贯彻落实中央八项规定及实施细则精神的堤坝。”2019 年 3 月，习近平总书记在参加十三届全国人大二次会议内蒙古代表团审议时指出：“不论我们国家发展到什么水平，不论人民生活改善到什么地步，艰苦奋斗、勤俭节约的思想永远不能丢。”共产党人要传承弘扬俭朴之风，时刻警醒自己，“一粥一饭，当思来之不易；半丝半缕，恒念物力维艰”，带头过紧日子，勤俭办一切事业，坚决抵制享乐主义和奢靡之风，以优良作风振奋精神、激发斗志、树立形象、赢得民心。

九、"天下为公"理念与干部的公德

中华优秀传统文化非常重视"公"。"天下为公"出自儒家经典《礼记·礼运》："大道之行也，天下为公。选贤与能，讲信修睦。故人不独亲其亲，不独子其子，使老有所终，壮有所用，幼有所长，矜寡孤独废疾者皆有所养。男有分，女有归。货恶其弃于地也，不必藏于己；力恶其不出于身也，不必为己。是故谋闭而不兴，盗窃乱贼而不作，故外户而不闭，是谓大同。"当大道行于天下的时候，天下就是人们所共有的。选举有贤德和有才能的人来管理国家，人人讲求诚信，彼此和睦相处。因此人们不只是敬爱自己的亲人，不只是疼爱自己的子女，而是让老年人能安度终生，使壮年人都能发挥自己的才能，使年幼的孩子都能健康成长，鳏夫、寡妇、孤儿、无后者、残疾人、生病的人都能得到照顾和供养。男子有工作，女子有归宿。对于财货，厌恶它被丢弃在地上，捡起来却不一定要自己私藏；对于力气，厌恶它不能从自身发挥出来，倒不一定是为了自己。因此，阴谋被堵住而不能兴起，盗窃、作乱、贼杀的事情不会发生，所以大门可以不关闭，这就叫作大同社会。"天下大同"虽然只是一种理想的社会状态和政治目标，但它唤起了人们对社会公平、正义的期盼。它一经提出，就扎根在人们心中，在不同的时代，被不断重提，成为激励人们改进现状、追求理想的号角与旗帜。

《说文解字》："公，平分也。从八从厶，八犹背也，韩非曰：背厶为公。"在古人的公私观里，公往往在私之前。《诗经》云"雨我公田，遂及我私"，体现了古人先公后私的观念。《尚书·洪范》云"无偏无党，王道荡荡"，这指的就是"公德"。《慎子·威德》云："法制礼籍，所以立公义也。凡立公，所以弃私也。”《说苑》评价此话为“言至公也”，并且指出“古有行大公者，帝尧是也”，尧贵为天子，富有天下，却“不私于其子孙也”，而是选择了舜，“此盖人君之公也。夫以公与天下，其德大矣。”傅玄更是一针见血地指出，“唯公然后可正天下”。

《白虎通义》云“公之为言公正无私也”，“公”有公心、公平、公义之意。《论语·尧曰》云“公则说”，在上者能做到公正，那么自然受民众欢迎。《六韬》记载：“天下非一人之天下，乃天下之天下也。同天下之利者，则得天下；擅天下之利者，则失天下。天有时，地有财，能与人共之者，仁也。仁之所在，天下归之。免人之死，解人之难，救人之患，济人之急者，德也。德之所在，天下归之。与人同忧、同乐、同好、同恶者，义也。义之所在，天下赴之。凡人恶死而乐生，好德而归利，能生利者，道也。道之所在，天下归之。”

春秋战国时期，商鞅认为“公私之交，存亡之本也”，他说：“公私之分明，则小人不疾贤，而不肖者不妒功。故尧、舜之位天下也，非私天下之利也，为天下位天下也。论贤举能而传焉，非疏父子亲越人也，明于治乱之道也。故三王以义亲，五霸以法正诸侯，皆非私天下之利也，为天下治天下。是故擅其名而有其功，天下乐其政而莫之能伤也。今乱世之君臣，区区然皆擅一国之利，而管一官之重，以便其私，此国之所以危也。故公私之交，存亡之本也。”他在总结历史经验的基础上，得出历代先王能够成功的原因，即为天下而位天下，为天下而治天下，而不是把天下之利归于一己之私。明代黄宗羲在总结尧舜之道时也说：“不以一己之利为利，而使天下受其利；不以一己之害为害，而使天下释其害。”

公是治理天下的重要德行。《吕氏春秋》云：“昔先圣王之治天下也，必先公，公则天下平矣。”在为政过程中有公心、公义，才能得天下人

心。《管子》:“行天道，出公理，则远者自亲。废天道，行私为，则子母相怨。”《吕氏春秋》:“有得天下者众矣，其得之以公。”《韩诗外传》:“公道达而私门塞，公义立而私事息。”《诗经》:“夙夜在公。”公正无私是为臣者应有的品行。《孔子家语》:“澹台灭明……孔子尝以容貌望其才，其才不充孔子之望。然其为人，公正无私，以取与去就，以诺为名，仕鲁为大夫也。”公而后能正，这种思想成为古代先贤的共识。

要想做到公，除了无私、不谋私利，还要做到以公心举贤。《吕氏春秋》曰:“尧有子十人，不与其子而授舜；舜有子九人，不与其子而授禹，至公也。”古代有举贤的传统,“文王内举周公旦，而天下不以为私其子；外举太公望，天下称其公。周公诛弟而典刑立，桓公任仇而齐国治，苟其无私”。在选人用人上，能够做到出于公心的还有春秋时期的祁黄羊，做到了“外举不避仇，内举不避子”。

中国共产党始终坚持为人民服务，恪守立党为公、执政为民理念，是“天下为公”理念的积极践行者。习近平总书记曾多次提到“天下为公”。他强调,“中央政治局的同志必须有天下为公的宽阔胸襟，摒弃任何私心杂念”；广大知识分子要有天下为公的情怀，要“坚守正道、追求真理，立足我国国情，放眼观察世界，不妄自菲薄，不人云亦云；实事求是、客观公允，重实情、看本质、建真言，多为推进党和人民的事业献计出力”。在国际关系方面，他指出:“‘大道之行也，天下为公。’和平、发展、公平、正义、民主、自由，是全人类的共同价值，也是联合国的崇高目标。”“我们要继承和弘扬联合国宪章的宗旨和原则，构建以合作共赢为核心的新型国际关系，打造人类命运共同体。”

中国共产党人秉持公心守公德，首先要将人民放在心上。历史事实已经反复证明，在中国古代社会中，统治者没有也不可能真正实现“天下为公”的思想，只有中国共产党才能使“天下为公”成为现实。秉持公心守公德就要像习近平总书记指出的：“守公德，就是要强化宗旨意识，全心全意为人民服务，恪守立党为公、执政为民理念，自觉践行人民对美好生活的向往就是我们的奋斗目标的承诺，做到心底无私天地宽。”秉持公心守公德还应当坚持公平正义，“其身正，不令而行；其身不正，虽令不从”。公正处事，公道正派，廉洁清正，严于律己，是每个党员、干部必须恪守的职业道德，也是提高自身素质的基本要求。

十、“诚信”理念与干部的诚信观

诚信是中华民族的传统美德，商鞅立木为信，季布一诺千金，曾子杀猪践诺，历史上有关诚信的故事比比皆是。诚的概念最早见于《尚书·太甲》：“鬼神无常享，享于克诚。”这里的“诚”指的是笃信鬼神的虔诚。《周易·乾卦》：“修辞立其诚，所以居业也。”这里的“诚”有了新含义，即君子说话、立论都应该诚实不欺。从造字结构看，人言为信，《说文解字》云，“信，诚也，从人从言”，又说“诚，信也”，诚与信在内涵上具有相通之处。诚信一词最早见于《管子·枢言》：“诚信者，天下之结也。”诚信是天下行为准则的关键，体现了诚信在社会中的重要地位。《国语·晋语八》说“忠自中，而信自身，其为德也深矣，其为本也固矣”，说明了信之德在人们的生活中具有重要作用。

诚于中，信于外，诚即内心诚实无伪，信即行为信守诺言，如此言行相符、心口相一，便为诚信。“信”字在《论语》一书中出现30多次。孔子多次提到“信”，经常说“主忠信”，即以忠信为基本准则。孔子对学生的教育内容也包括信：“子以四教：文、行、忠、信。”（《论语·述而》）孔子不仅在教育内容上重视信，在人际交往中也强调信，认为信在

人际交往中能够起到调节、促进的作用。《论语·为政》:“人而无信，不知其可也。大车无輗，小车无軏，其何以行之哉!”“輗”与“軏”指的是车子辕前端与车横木衔接处的零件。他生动形象地将丧失信用的人比喻成缺少关键配件的车子，没有这些关键零件的车子是无法正常行驶的。在孔子看来，无论做什么事，都要以诚信为基础，一个没有诚信的人注定没有前途。《论语·学而》说:“与朋友交，言而有信。”孔子的愿望之一就是“朋友信之”。曾子也说:“吾日三省吾身:为人谋而不忠乎?与朋友交而不信乎?传不习乎?”我每天多次反省自己:为人办事是不是尽心了?与朋友交往是不是做到了诚信?所学知识是不是复习了?为事要忠，为人要信，为学要习，孔子最看重的品行里，诚信就是关乎立身的重要一条。《孟子》中说“友也者，友其德也”，朋友交往必然以诚信为基础，两个没有信用的人是不可能成为朋友的。

诚信是治国之本，正如《左传》所言,“信，国之宝也”，信用是国家的重宝。《尚书·武成》云,“惇信明义，崇德报功，垂拱而天下治”，明确指出信在国家治理中具有重要作用。

《论语》记载有子贡和孔子的一段著名对话。子贡问政。子曰:“足食，足兵，民信之矣。”子贡曰:“必不得已而去，于斯三者何先?”曰:“去兵。”子贡曰:“必不得已而去，于斯二者何先?”曰:“去食。自古皆有死，民无信不立。”子贡向孔子请教怎么治理政事。孔子认为，使粮食充足，使军备充足，百姓就信任政府了。子贡问，必须去掉一项，这三项中应该先去掉哪一项?孔子说，去掉军备。子贡问，必须去掉一项，这两项中应该先去掉哪一项?孔子说，去掉粮食。可见，在孔子的治国思想中，人民的信任是最重要的，任何时候都不能失去人民的信任。

《论语》还指出“道千乘之国，敬事而信”，治理国家要讲信用；又指出，统治者要做到“恭、宽、信、敏、惠”，而且强调“能行五者于天下，为仁矣”，能够在天下推行这五种品德，就是做到仁了，可以说是达到了极高的境界。统治者有“信德”，才能真正让百姓信服，“上好信，则民莫敢不用情”。墨家创始人墨子提出：“言不信者行不果。”（《墨子·修身》）说话不诚实的人，做事也不会有结果。荀子也非常重视诚信，认为“政令信者强，政令不信者弱”（《荀子·议兵》）。

秦汉以后，重视诚信已成为我国文化血脉的一部分。汉代人季布重视信誉，当时楚地有“得黄金百，不如得季布一诺”的说法。西汉董仲舒构建了“三纲五常”的道德伦理体系，将“五常”与“五方”相对，信对应于中央之“土”，“土者，五行最贵者也”，这意味着信在诸品德中具有中心地位。唐朝时期，唐高祖李渊曾对李密说：“丈夫一言许人，千金不易。”唐太宗深深认识到诚信对治理天下的意义，曾说“我之为君，以诚信待物”，“欲使大信行于天下，不欲以诈道训俗”。魏徵则指出：“上不信，则无以使下，下不信，则无以事上。信之为道大矣哉。”

宋代程颐、程颢认为，“信有二般：有信人者，有自信者”。他们认为信忠互为表里，“尽己之谓忠，以实之谓信。发己自尽为忠，循物无违谓信，表里之义也”（《二程遗书》）。朱熹总结前人论说，对信的范畴做了清晰的界定，认为信有两个基本含义，即诚实无妄和言行一致。

明代，王阳明和他的弟子们从心学的角度对信进行阐释，“自信本心，自信而是，天下非之而不顾，自信而非，得天下有所不为，集义也；不能自信，以外面毁誉为是非，义袭也”，强调和凸显本心的自信和诚实。明清之际的王夫之指出：“信者，礼之干也；礼者，信之资也。”他认为人际交往主要依靠信：“人与人相于，信义而已矣；信义之施，人与人之相于而已矣；未闻以信义施之虎狼与蜂虿也。”

讲诚信、守信用是中华民族的传统美德，也是社会主义核心价值观的重要内容。诚实守信是党员、干部的立身之本、修身立德之基。习近平同志在浙江工作时，曾以百年老店胡庆余堂的故事阐释“坚守讲义守信的品行和操守”：“大堂内挂着的是‘戒欺’的牌匾，告诫员工牢记诚信经营；大堂外挂的是‘真不二价’的招牌，接受客户的评定监督。”习近平多次强调诚信的重要性。2013 年 10 月，习近平主席在印度尼西亚国会的演讲中说：“人与人交往在于言而有信，国与国相处讲究诚信为本。”党的二十大报告提出：“弘扬诚信文化，健全诚信建设长效机制。”2022 年，中共中央办公厅、国务院办公厅印发《关于推进社会信用体系建设高质量发展促进形成新发展格局的意见》，强调信用体系对推进高质量发展的支撑作用。

2013 年 8 月，习近平总书记在辽宁考察时指出：“领导干部要把深入改进作风与加强党性修养结合起来，自觉讲诚信、懂规矩、守纪律，襟怀坦白、言行一致，心存敬畏、手握戒尺，对党忠诚老实，对群众忠诚老实，做到台上台下一种表现，任何时候、任何情况下都不越界、越轨。”领导干部代表着党和国家的形象，既是国家方针政策的制定者和执行者，又是各项社会主义事业的组织者和领导者，领导干部以诚信为本是社会主义核心价值观的要求，要做诚信的带头人，“言必信，行必果”，这样领导干部才能取信于民，才能有效推行各项方针政策并取得更好的实效。

第四章
新时代中国共产党的政德教育

进入新时代，在全面从严治党继续向纵深推进的背景下，按照建设高素质干部队伍的部署，中国共产党鲜明提出要强化政德教育。2023 年 9 月，中共中央印发修订后的《干部教育培训工作条例》，将“开展政德教育”作为新增内容列入党性教育内容。2023 年 10 月，中共中央印发《全国干部教育培训规划（2023—2027 年）》，又将“强化政德教育”列入政治训练重点内容。这意味着新时代党对加强政德教育必要性和紧迫性的认识逐渐增强，同时向广大干部教育培训工作者提出了“如何增强政德教育有效性”的时代之问。

一、新时代中国共产党开展政德教育的重大意义

（一）有利于巩固中国共产党的长期执政地位

百行以德为首，领导干部的道德素质和作风不仅能直接体现其从政水平，也能充分体现我们党和国家政治生态的现实情况。党的十八大以来，习近平总书记站在新时代的历史起点，高度重视政德教育工作，结合新时代廉政建设、反腐倡廉工作，提出“领导干部要讲政德”，明确表

示“政德是整个社会道德建设的风向标。立政德，就要明大德、守公德、严私德”。德行一致、立德修身、廉洁奉公是对干部政德的基本要求。为政之道，以德为先；为官之道，修身为本。“干部的党性修养、思想觉悟、道德水平不会随着党龄的积累而自然提高，也不会随着职务的升迁而自然提高，而需要终生努力。”身有大德，必有回响。焦裕禄、谷文昌、杨善洲、廖俊波等优秀中国共产党人，用自己的言行为广大领导干部诠释了一个共产党人应有的政德，更为领导干部履职尽责树立了具有时代内涵的榜样。

在复杂多变的国际环境和国内发展新形势下，中国共产党作为执政党，面临着前所未有的挑战和考验。为了巩固党的长期执政地位，实现中华民族的伟大复兴，加强政德教育显得尤为重要。政德教育不仅是培养具有良好政治素养和道德品质的领导干部的重要途径，更是推动党风廉政建设、密切党群干群关系、提升党的执政能力和执政水平的重要抓手。

政德教育不仅关注领导干部的品德修养，还注重增强其业务能力、提升其工作水平。加强政德教育，能够使领导干部始终保持对国家和人民的忠诚热爱，始终坚持以人民为中心的发展思想，从而赢得人民群众的信任和支持。加强政德教育，还能够促进团结、和谐，增强凝聚力和战斗力，进一步巩固党的执政地位。加强政德教育，亦能够使领导干部更好地履行职责，提高执政能力和水平，塑造领导干部的良好形象，增强公信力和影响力，更好地为人民服务。

加强政德教育有利于党员、干部提高道德修养和政治觉悟，学习先进的政治理论和执政理念，提高执政能力和水平。这样，在面对复杂多变的执政环境时，党员、干部才能够从容应对、果断决策，具备更加坚定的理想信念和更高的政治站位。加强政德教育还能够帮助党员、干部深刻认识到自己的责任和使命，明确行为准则和道德标准，在日常生活中做到言行一致、表里如一，从而为形成风清气正的政治生态做贡献。这有利于增强党的凝聚力和战斗力，为党的长期执政奠定坚实基础。

当前，我国正处于全面建设社会主义现代化国家的新征程中，正处于实现中华民族伟大复兴的关键时期，面临着复杂多变的国内外形势和严峻挑战。加强政德教育有助于党员、干部在应对这些挑战时保持清醒头脑和坚定立场，为党和人民的事业提供坚强保障，更加坚定地走中国特色社会主义道路，为实现中华民族伟大复兴的中国梦贡献自己的力量。

历史已经证明，任何一个政党要想长期执政，都必须具备良好的道德品质和政治素质。中国共产党自成立以来，就高度重视政德教育，将其作为党的建设的重要组成部分。特别是党的十八大以来，以习近平同志为核心的党中央提出了全面从严治党的要求，进一步强调了政德教育的重要性。

（二）有利于推进全面从严治党向纵深发展

全面从严治党是新时代中国共产党治国理政的重大战略部署，是确保党始终成为中国特色社会主义事业坚强领导核心的重要保障。政德教育不仅是对党员、干部道德品质、思想修养的提升，更是对全党整体风气、政治生态的净化和优化，对党员、干部加强党性修养、提高政治觉悟、增强道德素质具有重要意义。

政德教育即政治道德教育，旨在培养党员干部具备高尚的道德品质、坚定的理想信念、正确的权力观和利益观。在全面从严治党的大背景下，政德教育具有深远的意义。理想信念是党员干部安身立身之本。党员干部如果缺乏政德，就难以做到清正廉洁、公正无私，更难以赢得人民群众的信任和尊重。政德教育是全面从严治党的重要支撑。加强政德教育，有利

于引导党员干部树立正确的世界观、人生观、价值观，增强党性修养，提高拒腐防变能力，为全面从严治党提供坚实的思想基础。

政德教育注重培养、提升党员干部的党性修养。党员干部是人民的公仆，必须具备高尚的品德。政德教育、党性教育、廉政教育、纪律教育等可以帮助党员干部锤炼忠诚干净担当的政治品格，培养廉洁奉公、务实为民的工作作风，增强拒腐防变的能力，引导党员干部自觉践行党的宗旨，增强宗旨意识、服务意识、奉献意识。党员干部只有不断提升党性修养，才能够更好地服务人民群众，做到权为民所用、情为民所系、利为民所谋。这对保持党的先进性和纯洁性，提高党的长期执政能力和领导水平具有重要作用。加强政德建设是巩固党的执政基础、保持党的先进性的内在要求，有利于党员干部增强“四个意识”，坚定“四个自信”，做到“两个维护”。这对加强党的纪律建设，推动党风廉政建设和反腐败斗争深入开展具有重要意义。政德教育强调的是对理想信念的坚守，引导党员干部坚定共产主义远大理想和中国特色社会主义共同理想，筑牢信仰之基。只有在理想信念的指引下，党员干部才能够始终保持正确的政治方向，做到在风浪考验面前无所畏惧，在各种诱惑面前立场坚定。

筑牢思想和制度防线是党员干部提高拒腐防变能力的重要途径。加强政德教育有利于引导党员干部自觉树立正确的权力观、金钱观、地位观、利益观等，从而增强对腐败的免疫力和抵抗力。加强政德教育有利于引导党员干部做到自重、自省、自警、自励，始终保持清正廉洁的政治本色。加强政德教育有利于推动形成崇尚廉洁、鄙视腐败的良好风尚，营造干事创业的良好氛围，对营造风清气正的政治生态具有重要作用。加强政德教育还有利于加强对党员干部的监督和管理，形成有效的震慑作用。这对激发党员干部的积极性和创造性，对全党上下形成风清气正、干事创业的良好氛围，推动党和国家事业发展具有重要意义。

（三）是满足人民群众对美好生活需要的重要保证

政德教育在夯实党员干部的理想信念根基、提升党性修养水平、营造风清气正的政治生态、增强拒腐防变能力等方面具有重要作用。因此，我们应该高度重视政德教育工作，将其贯穿全面从严治党的全过程和各方面，为推动全面从严治党向纵深发展提供支持。

当代中国，人民群众对美好生活的向往和追求是社会发展的重要动力。这种美好生活不仅指物质层面的富足，更包括精神层面的充实和道德层面的提升。政德教育作为提升政府工作人员道德品质和公共服务水平的重要手段，对满足人民群众对美好生活的需要具有重要意义。政德教育是针对政府工作人员进行的道德品质、职业操守和公共服务意识等方面的教育。

政德教育要求政府工作人员必须依法行政、廉洁自律，严格遵守国家法律法规，维护社会公平正义，使其深刻理解为人民服务的宗旨，增强责任感和使命感。他们通过不断提升自身业务能力和服务水平，为人民群众提供更加高效、便捷、优质的公共服务，从而提升人民群众的获得感和幸福感。这种获得感和幸福感正是人民群众对美好生活向往的重要组成部分。同时，开展政德教育是培养政府工作人员高尚道德品质和职业操守的重要方法，有利于为社会树立良好的道德风尚，有利于强化政府工作人员以人民为中心的理念，从而不断提升公共服务水平，满足人民群众日益增长的美好生活需要。

政德教育有利于培养政府工作人员高尚的道德品质和职业操守，使他们在工作中能够坚守原则、公正无私、廉洁奉公。这种良好的形象可以赢得人民群众的信任和广泛赞誉，增强政府与人民之间的联系和互动。

这种社会信任能为政府推动各项事业的发展提供有力支持，也能为满足人民群众对美好生活的需要创造良好的社会环境。

政德教育要求政府工作人员应具备公共服务意识和社会责任感。政府工作人员在工作中应积极关注社会热点难点问题，努力为人民群众排忧解难。这种积极向上的工作态度和行为方式有助于营造和谐的社会氛围，减少社会矛盾和冲突。同时，政德教育还鼓励政府工作人员积极参与社会公益事业和志愿服务活动，以实际行动践行社会主义核心价值观，推动社会文明进步、和谐发展。

为了满足人民群众对美好生活的需要，要从以下几个方面加强政德教育：完善政德教育体系，建立健全政德教育体制机制，明确教育目标、内容和方式方法，确保政德教育贯穿政府工作人员职业生涯的始终。具体来说，首先要加强私德建设，因为政府工作人员的私德修养直接影响到政德教育的效果。因此，必须加强私德建设，提高政府工作人员的道德素质和专业素养。其次要创新教育方式方法，结合时代特点和政府工作人员的实际需求，采用多种形式、多种渠道开展政德教育，提高教育的针对性和实效性。最后，要加强监督检查，建立健全政德教育监督检查机制，对政德教育开展情况进行定期检查和评估，确保教育取得实效。

二、新时代中国共产党开展政德教育的内容要求

按照2023年新修订的《干部教育培训工作条例》要求，政德教育从属于党性教育范畴。新时代开展政德教育，要以习近平新时代中国特色社会主义思想为指导，特别是习近平总书记关于政德建设的相关论述，多维度协同推进。

（一）以习近平新时代中国特色社会主义思想为指导

党的十八大以来，以习近平同志为主要代表的中国共产党人坚持把马克思主义基本原理同中国具体实际相结合、同中华优秀传统文化相结合，创立了习近平新时代中国特色社会主义思想，谱写了马克思主义中国化的新篇章，实现了马克思主义中国化时代化新的飞跃，不断开辟马克思主义中国化时代化新境界。党确立习近平同志党中央的核心、全党的核心地位，确立习近平新时代中国特色社会主义思想的指导地位，反映了全党全军全国各族人民的共同心愿，对新时代党和国家事业发展、对推进中华民族伟大复兴历史进程具有决定性意义。

习近平新时代中国特色社会主义思想是一个内涵丰富、博大精深、内容严整、逻辑严密的科学理论体系，由若干部分构成，如习近平经济思想、习近平法治思想、习近平生态文明思想、习近平强军思想、习近平外交思想、习近平文化思想等，蕴含着丰富的原创性理论成果。新时代新征程，要继续推进政德教育高质量发展，就必须坚持以习近平新时代中国特色社会主义思想为指导，既要全面系统学习这一思想体系的基本观点，掌握贯穿其中的立场、观点和方法；又要对习近平文化思想、习近平生态文明思想及习近平总书记关于政德建设的相关论述等进行专题研究宣讲，不断增强党员干部对党的创新理论的政治认同、思想认同、理论认同和情感认同，确保新时代政德教育的党性属性。

（二）以“明大德、守公德、严私德”为教育内容

党的十九大报告指出：“中国共产党从成立之日起，既是中国先进文化的积极引领者和践行者，又是中华优秀传统文化的忠实传承者和弘扬者。”这一鲜明立场为新时代更加自信、更加充分地利用中华优秀传统文化开展政德教育指明了方向，提供了遵循。当前，根据习近平总书记关

于政德建设的相关论述，可以把政德教育分为理想信念教育、宗旨意识教育、党风党纪教育等方面。

1. 以“明大德”为引领，坚定理想信念

习近平总书记强调，干部教育培训的首要任务是抓好理想信念教育，确保我们的江山不易色、政权不丢失、道路不改变。坚定理想信念是党员干部首先要修好的“大德”。2018 年 3 月，习近平总书记在参加十三届全国人大一次会议重庆代表团审议时指出，明大德，就是要铸牢理想信念、锤炼坚强党性，在大是大非面前旗帜鲜明，在风浪考验面前无所畏惧，在各种诱惑面前立场坚定。

（1）坚定信仰信念，锤炼坚强党性

理想信念是人类社会中纯粹抽象的精神活动。坚定的理想信念是共产党人乘风破浪的引路灯塔、奋斗创业的力量源泉、安身立命的根本。好干部的标准有很多，其中一条重要的标准就是要有坚定的理想信念。中共一大参加者的人生轨迹就证明了这一点。1921 年，13 名中国共产党代表为了救国救民的重任，先是聚首上海法租界，后来又辗转到嘉兴南湖的一条小船上，共同见证了中国共产党的诞生。但是这些原本志同道合的同志，在之后的岁月考验中有着截然不同的人生结局：何叔衡、邓恩铭、陈潭秋、王尽美坚守信仰，为革命流尽最后一滴血；毛泽东、董必武为信仰奋斗终身，成为新中国的缔造者；李达、李汉俊因为与陈独秀、张国焘意见不合而退党，但他们并没有放弃马克思主义信仰，为革命做了大量工作；周佛海、陈公博、张国焘走向了反共反人民的道路，被钉在历史的耻辱柱上；刘仁静和包惠僧虽然也一度脱党，但他们最后都迷途知返，为新中国建设贡献了自己的力量。是什么导致他们留下了不尽相同的人生轨迹？原因当然有很多，但其中很重要的一条就是是否始终坚持理想信念。事实表明，信仰在人生的长河中发挥着如灯塔般的作用，为每个党员指明了努力方向。心中扎下了马克思主义信仰的深根，就如同黑暗中有了光明、航行中有了灯塔，人生之舟才不会偏离航向，政治立场才不会在风雨面前东摇西摆。从 1927 年 3 月到 1928 年上半年，全中国共有 26000 多名共产党员献出了自己宝贵的生命，但正是这个时候，更多的人义无反顾地加入了中国共产党，为民族独立和人民解放而英勇奋斗。

在艰苦卓绝的长征路上，57 岁的徐特立坚持“拽着马尾”和红军将士一道爬雪山、过草地，当时很多人说，不管什么时候，只要和徐老在一起，就对未来充满信心。作为长征队伍中年龄最大的一名老兵，他内心笃定“革命第一”的信念。在抗日战争的硝烟中，被战士们亲切地称为“我们的女政委”的赵一曼受伤被俘后，在狱中面对敌人的残酷刑讯时只字未吐。她在临刑前写给儿子的信中说:“在你长大成人之后，希望不要忘记你的母亲是为国而牺牲的！”跃然纸上的是坚强的革命意志，更是坚定的理想信念。在战争年代，这种坚定表现为在生死考验之间对理想的坚持。而到了和平年代，这种坚定往往表现在公与私、远与近的利益选择中。

焦裕禄为了改变兰考的贫穷面貌，忍受着常人难以忍受的病痛，带领全县人民顽强奋斗，用自己的一生、自己的模范行动，铸就了“亲民爱民、艰苦奋斗、科学求实、迎难而上、无私奉献”的焦裕禄精神。在兰考的这 475 天中，焦裕禄每天都以“只争朝夕”的姿态与风沙、内涝、盐碱进行争分夺秒的斗争。他白天下去调查研究，到灾情严重的公社和大队考察，夜里看文件，研究面对的问题，总结经验教训。当时，兰考部分干部思想上存在顾虑，奋斗热情不高。焦裕禄通过个别谈话的方式

对他们进行思想疏导，他说："兰考是灾区，穷、困难多；但灾区有个好处，它能锻炼人的意志，培养人的革命品格，革命者要在困难面前逞英雄。"当时有一批花生种子由外地运到了兰考火车站，焦裕禄为了不耽误生产，马上到火车站接站，并连夜让粮管所分发到生产队。为了使贷款跟上，他又把城关营业所指导员刘国庆叫来，一再交代："要有生产观点，贷款要从方便群众、服务群众出发，现在要分秒必争。"当夜，营业所的同志全体出动，办理了23个生产队的花生贷款，支援生产队买下种子75000斤，为及时播种争取了时间。从外地调来的统销粮运到兰考后，焦裕禄连夜召集县粮食局、县交通局开会，研究调运方案。第二天，县交通局就组织8辆汽车、39辆马车、100辆架子车日夜搬运，仅用四天时间，就把284万斤粮食运到各公社粮管所。后来，在入院治病的日子里，同事朋友都劝他好好住院，先治病后工作，他坚称："兰考是个灾区，那里除'三害'的工作才刚刚开始，有那么多事情在等着我，我在这里怎么躺得住啊？"即使到了生命最后关头，他考虑的依然是兰考人民的吃穿生活、防风治沙问题。也正是这种坚定的信念和争分夺秒的工作姿态，才使得焦裕禄在有限的工作时间内，初步遏制了沙、碱、涝三害，使兰考的面貌为之一变。焦裕禄的无私奋斗精神来自对共产主义的坚定信仰。正是因为有千千万万像他这样为信仰而战的共产党员前仆后继，中华民族才迎来了从站起来到富起来再到强起来的伟大飞跃。

当然，我们也要清醒地认识到，在新的历史条件下，部分共产党员的理想信念发生了动摇，主要表现为以下几点。第一，信"资"不信"社"。有的党员干部认为共产主义虚无缥缈，或者干脆认为当前中国特色社会主义实际上是资本主义。中共泰安市委原书记胡建学就曾对部下说过"走社会主义道路没有出路"，他们对社会主义丧失了信心，讲起马克思主义没了底气。第二，信鬼不信人。坚持科学无神论是共产党人最起码的要求。近年来，有的党员干部也搞起了迷信，“不信马列信鬼神，不问苍生问‘大师’”。有的机关大楼前摆起“转运石”，一些建筑因“挡风水”而被拆，更有甚者不惜以破坏城市规划为代价。第三，信利不信义。过去我们所说的“义”多指道义，这里是指马克思主义。持这种观点的人秉承“有权不用、过期作废”的歪理，把谋取私利作为人生追求，目无法纪，贪污腐败。

出现这些问题的原因是多方面的，既有封建官本位思想的影响，又有拜金主义流毒的影响；既有社会转型引发的价值多元的影响，又有社会不正之风的侵蚀消解；既有东欧剧变对党员的心灵冲撞，又有西方对意识形态领域的颠覆渗透等。但根本原因只有一个。习近平总书记一针见血地指出，现实生活中，一些党员干部这样那样的问题，说到底是信仰迷茫、精神迷失。那么，如何摆脱信仰迷茫的困扰呢？首先要做的就是加强理论学习。马克思主义是一个严密、完整、科学的思想理论体系，其中的立场观点方法是这一体系的精髓所在。坚定马克思主义信仰，最根本的是真学真懂真信真用马克思主义和党的创新理论，运用其中的历史唯物主义和辩证唯物主义方法深化对社会主义建设规律的认识，提高辩证思维能力，努力增强解决制约社会发展改革进步问题的本领。

提高党性修养是一个复杂漫长的过程。干部的党性修养、思想觉悟、道德水平不会随着党龄的增长、职务的升迁而自然提高。要想成为好干部，需要持之以恒地改造主观世界。首先，要加强理论修养，坚持不懈地用习近平新时代中国特色社会主义思想武装头脑。其次，要加强政治修养，不断提高政治判断力、政治领悟力、政治执行力。最后，要加强自律修养，严守纪律规矩。党性修养不仅是一个理论问题，更是一个实

践问题。刘少奇同志指出："革命者要改造和提高自己，必须参加革命的实践，绝不能离开革命的实践；同时，也离不开自己在实践中的主观努力，离不开在实践中的自我修养和学习。如果没有这后一方面，革命者要求得自己的进步，仍然是不可能的。"党员干部要把对理想信念的领悟和坚守，同学习贯彻党的创新理论及路线、方针、政策联系起来，在持续不断的学思践悟循环中实现工作能力的波浪式提高，在与时俱进的"赶考"锻炼中实现党性修养的螺旋式上升。

（2）在大是大非面前旗帜鲜明

是与非是矛盾的统一体，党员干部的是非观是政德教育的重要内容。党的十八届六中全会审议通过的《关于新形势下党内政治生活的若干准则》明确提出，党员、干部特别是高级干部在大是大非面前不能态度暧昧，不能动摇基本政治立场，不能被错误言论所左右。

中国共产党是中国人民和中华民族的先锋队，党员都是从各条战线、各个行业、不同岗位中精挑细选出来的先进分子，不仅代表着所属部门、行业的工作水平，也代表着所属战线领域的党性修养水准。这部分群体起到的道德引领和行为示范作用效果鲜明而强大，正所谓"其身正，不令而行；其身不正，虽令不从"。如果党员、干部特别是高级干部在大是大非面前都似是而非，甚至混淆是非，那就极有可能形成消极政风，甚至会误导人民群众、危害山清水秀的政治生态。因此，无论在什么时候、在什么样的情况下，领导干部都不能丧失党性，都必须恪守正确的政治方向。正如习近平总书记在正定工作时提出的，共产党人是有鲜明的立场的，支持什么，反对什么，旗帜要鲜明，特别是在大是大非面前，态度要明朗。

旗帜鲜明地坚持"是"、反对"非"，该发声时要发声，该担当时要担当，这句话说起来容易做起来难。现实情况往往是问题错综复杂，处理问题十分考验政治能力。党的十八大以来，面对我国经济社会的发展现状及发展中遇到的困难、矛盾和风险，习近平总书记多次强调党员、干部要加强政治修养，提高政治敏锐性和政治鉴别力。当然，党员、干部的鉴别能力并不是与生俱来的，更不会一蹴而就，这就需要在学习中不断理解深化，在实践中逐步提升。为此，政德教育组织者既要从理论高度讲清楚共产党员是非观的重要价值和具体要求，又要从实践案例的广度讲清楚树立正确的是非观对党员个人成长的重要影响，以此激励干部不断提高思想觉悟和政治鉴别力，做到知是非、明是非、善于判断、勇于发声。

（3）在风浪考验面前无所畏惧

一部党的奋斗史就是一部党员干部经历风浪的历史。在艰苦卓绝的烽火岁月，以江姐等为代表的一批优秀中华儿女，高擎理想信念的火炬，以大无畏的英雄气概，坦然面对敌人的严刑与屠刀，冲锋在枪林弹雨的最前面，在“为有牺牲多壮志”的信念中英勇就义。正是因为有这样一批革命先辈身先士卒，我们党才得以凝聚起亿万人民，完成新民主主义革命，缔造了新中国。在一穷二白、百废待兴的建设年代，以王进喜等为代表的一批党员干部，秉持共产党人的必胜信念，迎难而上，无私奉献，带领人民探油井、促生产，“敢教日月换新天”。正是因为有这样一批党员、干部模范带头，新中国的大厦才有了坚实的基础。在风云激荡的改革开放初期，以孔繁森等为代表的一批干部先锋，以只争朝夕的精神，在祖国需要的地方生根，在思想解放的洪流中扬帆。正是因为有这样一批领导干部开拓进取，中国才在短短几十年时间里成为世界第二大经济体。从江姐到王进喜再到孔繁森，尽管不同时代的优秀党员、干部各有

特点，但信仰坚定、在风浪考验面前无所畏惧是始终不变的价值底色。

新时代，中国共产党所处的历史方位、执政条件发生深刻变化，党员队伍结构、思想状况发生深刻变化，要想更加从容地应对“四大考验”、更顺利地战胜“四种危险”，就必须增强应对风浪的政治能力。

首先要做到对党忠诚。正如习近平总书记所指出的：“如果没有对党忠诚作政治上的‘定海神针’，就很可能在各种考验面前败下阵来。”看一名党员干部特别是高级干部的素质和能力，首先要看政治上是否站得稳、靠得住。政治上站得稳、靠得住，最重要的就是要牢固树立“四个意识”，坚定“四个自信”，坚决做到“两个维护”，自觉在思想上政治上行动上同党中央保持高度一致，坚决维护党中央权威和集中统一领导，在各项工作中毫不动摇、百折不挠地贯彻落实党中央决策部署，不打任何折扣，不耍任何小聪明，不搞任何小动作。

其次要增强政治定力。“定力”是修养要达到的一种境界，即坐怀不乱、处变不惊、临危不惧。政治定力指的是人们在面对各种思想冲击、诱惑干扰和风险考验时能够时刻坚持正确政治立场和方向的能力。新时代，党员干部所处的环境十分复杂，面临的诱惑更多，有少部分党员干部在这场思想阻击战中出现了各种各样迎战无力的情况。比如，有的干部对马克思主义的科学性、真理性存在疑虑，对社会主义最终能够战胜资本主义产生思想动摇；有的干部在物质生活和封建迷信中寻找精神寄托；有的干部在声色犬马中随波逐流、腐败堕落等。这些问题不仅反映了某些党员干部个人定力的缺失，同时给党风、政风造成了严重冲击，是全面从严治党尤其是政治建设需要着力克服的重要问题。

最后要增强政治担当。政治担当是共产党员政治修养最直接的体现，对党忠诚和政治定力最终都要靠愿干事、能扛责来体现。当前，部分干部存在政治担当不足问题，比如：只会表态不会谋划，只愿谋划不想落实；明哲保身，逃避正义斗争，搞一团和气；干事拈轻怕重、见风使舵，没有攻坚克难的胆气和韧劲等。这种不敢担当、不愿担当、不会担当的“圆滑官”“老好人”“墙头草”多了，就会贻害党和人民的事业。中华优秀传统文化中蕴含着丰富的修身、担当思想，这是激励无数中华儿女攻坚克难、献身国家的精神密码。古人曾经把“大事难事看担当，逆境顺境看襟度，临喜临怒看涵养，群行群止看识见”作为评价士大夫人格修养的标准。其中，“担当”就是应对急难险重考验时评判个人修养的重要标准。当前，面对改革攻坚的急迫要求和国际形势的严峻考验，广大党员干部迫切需要增强政治担当意识，这就为政德教育提出了更高、更具体的要求。

（4）在各种诱惑面前立场坚定

立场是人们观察、认识和处理问题时的立足点。立足点不同，观察问题的角度不同，所持的态度就会不同。政治立场反映了一个阶级、政治集团的利益和要求，通过思考一个政党、一个组织的政治立场就能明确它为谁发声、为谁斗争。人民立场是共产党员应当站稳的正确立场，坚持党的领导是站稳人民立场的政治保障。坚定人民立场，就要坚持一切工作以人民为中心。习近平总书记指出：“以人民为中心的发展思想，不是一个抽象的、玄奥的概念，不能只停留在口头上、止步于思想环节，而要体现在经济社会发展各个环节。”要着力践行以人民为中心的发展思想，不断解决人民最关心最直接最现实的利益问题，努力让人民过上更好生活。领导干部手中掌握着权力，极易成为香风毒雾侵蚀的对象、糖衣炮弹袭击的对象、金钱美色引诱的对象、利益集团围猎的对象，如果人民立场不坚定、宗旨意识树得不牢，就极易在从政路上败下阵来。

2. 以“守公德”为核心，牢记宗旨意识

习近平总书记强调“江山就是人民，人民就是江山”，突出了人民立场和人民的主体性地位，深刻阐述了“人心向背关系党的生死存亡”这一被中国历史反复证明的铁律。党的二十大报告中，“人民”一词出现了百余次，一切为了人民，一切依靠人民，始终坚持以人民为中心，这是中国共产党在艰苦卓绝奋斗基础上扬帆起航的源泉动力，是中国共产党在未来发展道路上永远保持的初心。政德教育着力推动的“守公德”，就是推动党员干部强化宗旨意识，全心全意为人民服务，恪守立党为公、执政为民理念，自觉践行人民对美好生活的向往就是我们的奋斗目标的承诺，做到心底无私天地宽。

（1）强化宗旨意识，全心全意为人民服务

宗旨即最根本的、对行为具有统率作用的价值导向和价值原则。政党宗旨是其阶级立场和历史使命的鲜明体现。能否实现其宗旨是检验政党能力的首要标志。全心全意为人民服务是中国共产党的宗旨，它体现着马克思主义政党学说的先进性、科学性，表明了中国共产党人的政治态度、阶级立场、群众观点和革命目的。从毛泽东注重其高层次的理想价值到邓小平强调其务实的基本特征，再到后来党中央领导集体在“法治”与“德治”总的治国方略框架内赋予了“为人民服务”丰富的内涵，一直到新时代以自我革命永葆初心使命，全心全意为人民服务的宗旨内涵及特征随着中国革命和建设事业的发展，经历了一个不断完善充实的发展过程。

1939 年 2 月，毛泽东在致张闻天同志的信中，首次提出了“为人民服务”的概念，从唯物主义道德观的角度初步阐述了“为人民服务”的内涵。1944 年 9 月 8 日，在张思德烈士的追悼会上，毛泽东发表了题为《为人民服务》的演讲，第一次从理论上对为人民服务做了具体要求。后来，毛泽东又在多次会议讲话中对为人民服务的要求做了阐释，如强调“共产党就是要奋斗，就是要全心全意为人民服务，不要半心半意或者三分之二的心三分之二的意为人民服务”。党的七大指出，“中国共产党人必须具有全心全意为中国人民服务的精神”，使全心全意为人民服务成为马克思主义理论宝库中的一个重要组成部分。在毛泽东看来，为人民服务是对共产党人的要求，是作为政党道德提出来的。在实施为人民服务的模式上也主要是依靠共产党员的道德自觉和自律，即通过共产党人思想觉悟的提高和工作作风的改善来保证党的路线、方针、政策的正确实施。在革命战争年代，全心全意为人民服务作为共产党人的政治伦理和政党道德，发挥着道德改造社会的强大功能。全党同志以它为革命实践的行动纲领，为了人民的解放和幸福前赴后继，谱写了一曲曲为人民服务的凯歌。例如，在大别山地区的革命斗争中，无论是鄂豫皖地区的武装起义还是革命根据地的创建，无论是反对国民党军的多次“围剿”“清剿”还是坚持三年游击战争，无论是中原突围还是千里挺进大别山、打响渡江战役，大别山地区的党组织都坚持为人民服务。他们每到一处，“打土豪、分田地”，平均地权，让耕者有其田，减租减息；每到一处，严明三大纪律、八项注意，做到缸满院净、为家家户户排忧解难。正是因为当地党组织从人民群众的利益出发，时时处处为人民谋利益，才赢得了广大群众的真心支持和拥护。

根据为人民服务思想的产生和发挥作用的时代特点，我们不难发现，毛泽东强调的服务主体主要是共产党员尤其是党的领导干部，他要求这部分群体的所有行动都围绕人民群众的利益展开。所谓“完全”“彻底”“全心全意”，意在强调共产党员的干部是人民的公仆，要大公无私，即只讲奉献、不求回报，更谈不上索取。在改革开放历史新时期，为人

民服务作为党的宗旨并没有丧失它存在的合理性，要想使它焕发出新的生机与活力，必须与时俱进，使之扎根于现实的沃土。

新的历史条件下，邓小平在加强为人民服务思想教育和党的思想作风建设的同时，着重从以下两个方面赋予了为人民服务新的内涵：第一，强调体制是保障，从法律、制度上建立健全防范、制约和监督机制，使广大共产党员切实履行好全心全意为人民服务的宗旨。正如邓小平所说："我们过去发生的各种错误，固然与某些领导人的思想、作风有关，但是组织制度、工作制度方面的问题更重要。"这说明，一方面要加强党内制度建设，破除以往只重思想教育、轻制度建设，只讲政策、不讲法治，只靠整风的传统方法整党、不靠改革和制度的旧观念；另一方面也要认识到，人民群众的利益既要靠党组织维护，也要靠人民群众自己争取。人民群众维护自身利益的一条重要途径就是加强对党的监督。只有建立健全监督制度，才能保证人民群众行使监督的权利，减少权力运行中因个人问题而带来的随意性。第二，在更为根本的意义上提出了"什么是社会主义、怎样建设社会主义"的问题。对社会主义本质的深刻揭示，使他认识到促进生产力的发展是社会主义时期为人民服务的主题。这一时期，邓小平同志的为人民服务思想既关注到制度建设的保障作用，也突出了社会发展阶段人民利益的具体性，通过改革发展经济，使得这一时期为人民服务的宗旨有了现实可行性。

后来，以江泽民同志为核心的党中央领导集体对为人民服务进行了新的时代诠释。党的十四届六中全会第一次从党的决议的高度把为人民服务确定为社会主义道德建设的核心，使为人民服务从中国共产党的宗旨扩展到社会主义道德建设的核心，从党员干部的道德规范延伸到全民的道德规范。为人民服务这一具有时代特色的道德规范第一次实现了先进性和广泛性的有机结合。党中央领导集体认识到在大力发展物质文明的同时，属于精神文明的道德和属于政治文明的法律可以通过为人民服务在每一个个体上实现完美结合。对于共产党员来说，在坚持道德自律、自觉接受制度规范的同时，还应时刻牢记全心全意为人民服务的宗旨，这是对其最根本的政治要求。后来，党中央领导集体根据时代发展要求，在前期理论积累的基础上，提出坚持以人为本的科学发展观，要求各级领导干部时刻把群众的安危冷暖放到心上，做到“权为民所用，情为民所系，利为民所谋”。这体现了中国共产党在新时期已经开始从权力观、地位观、利益观等角度深度思考为人民服务与政权稳定的关系。

进入新时代，习近平总书记在继承传统民本思想的基础上，将为人民服务与马克思主义相结合，创造性地提出了以人民为中心的发展思想，并升华为人民至上理念。具体到社会治理中，党和国家制定的政策及党员干部的奋斗奉献最终都指向一个归宿，即保证人民群众实现幼有所育、学有所教、劳有所得、病有所医、老有所养、住有所居、弱有所扶。在推进社会治理现代化进程中，我们要坚持全心全意为人民服务的宗旨，自觉把党的群众工作体现在为群众办好事、解难事的具体行动中，让群众获得实实在在、看得见的利益。

（2）恪守立党为公、执政为民的理念

《中国共产党章程》规定：中国共产党是中国工人阶级的先锋队，同时是中国人民和中华民族的先锋队。这一性质决定了中国共产党是立党为公的政党，是为最广大人民群众谋利益的政党。党除了代表工人阶级和最广大人民群众的利益，没有自己的特殊利益，也不追求特殊的利益。立党为公、执政为民体现了我们党的根本宗旨，是我们党同一切剥削阶级政党的根本区别。工人阶级政党之所以立党为公，是因为它是先进生

产力和生产关系的代表，是先进文化的代表，是私有制和私有观念天然的对立物，它的最高理想和远大目标是消灭私有制、消灭剥削和阶级差别，建立美好的共产主义社会。这就决定了其所代表的社会利益必然是最广大人民群众的利益。中国共产党从成立那一天起，就确立了为中国人民的解放事业而不懈奋斗的目标，因而才得到了人民群众的拥护支持。

1948 年 11 月，中国中东部地区的广阔土地上进行了一场决定中国前途和命运的大决战。决战的双方是中国人民解放军和国民党军队。战场以徐州为中心，地跨山东、江苏、河南和安徽四省，国民党出动 80 万军队，解放军以 60 万兵力对战，这就是载入史册的淮海战役。1948 年冬，淮海战役打响，国民党的黄百韬兵团被歼灭，随后国民党将领黄维率领主力兵团赶来增援，徐州与蚌埠的国民党军队南北并进，企图合围解放军。为了粉碎敌人的阴谋，华东野战军和中原野战军两支部队集中到一起参加战斗。在战争发生时，粮食、弹药耗费巨大，而且伤员必须及时送往后方治疗，后勤保障成为决定战役胜败的关键。国民党军队后勤补给靠的是铁路运输、飞机空投。解放军的后勤补给靠的是数百万有着不同口音的支前民工。他们从四面八方赶往战场，推着小车，驾着牛车，赶着毛驴，源源不断地将粮食和弹药运往前线。据资料统计，淮海战役期间，解放区的民众运往前线的军粮达 9.6 亿斤。由于后勤补给跟得上，人民解放军的战略战术才得以顺利实施，使得原来计划合围解放军的国民党黄维兵团于 1948 年 12 月 15 日在双堆集战场投降。经过鏖战，中国人民解放军取得了淮海战役的胜利，共歼灭国民党军队 55 万余人，基本上解放了长江以北的华东和中原地区。淮海战役胜利后，华东野战军司令员陈毅曾深情地说：“淮海战役的胜利是人民群众用小车推出来的。”

和平时期，共产党员的牺牲奉献精神也证实了为民造福是立党为公、执政为民的本质要求。福建东山县东山岛的东南部原有35万余亩荒沙滩，狂风起时飞沙侵袭村庄，吞噬田园。时任县委书记谷文昌了解到这一情况后，下定决心率领当地群众战胜风沙，根治旱涝。他发誓："不治服风沙，就让风沙把我埋掉。"他带领干部群众在百里海滩上摆开战场，多次组织群众筑堤拦沙、挑土压沙、植草固沙、种树防沙，在全县掀起轰轰烈烈又扎扎实实的全民造林运动。至1964年，全县造林8.2万亩，400多座小山丘和3万多亩荒沙滩基本完成绿化，194公里的海岸线筑起了"绿色长城"。他带领群众大力发展生产，实现粮食亩产过千斤，因此被群众称为"谷满仓"。谷文昌病逝后，当地群众把他的骨灰埋在东山岛上，尊他为"谷公"。

时至今日，有些党员干部淡忘了人民是国家的主人这个真理，不仅模糊了公与私的区分，还扭曲了义与利的关系。他们有的高高在上、居高临下、官气十足、脱离群众，有的精神懈怠、养尊处优，有的对人民群众的疾苦漠不关心、麻木不仁，更有甚者贪污腐化、消极腐败，跌进了违法犯罪的深渊，由人民的公仆变成人民的罪人。2014年3月，习近平总书记在兰考视察时提出"为民服务不能刮'一阵风'"，意在告诫广大党员、干部要时刻坚持群众观点和群众路线，认真遵守党员干部的群众纪律，把为民务实落实到方方面面，贯穿于工作的始终。

（3）自觉践行人民对美好生活的向往就是我们的奋斗目标的承诺

马克思、恩格斯将实现人的自由全面发展，作为共产主义的价值目标和为之奋斗终身的主题。马克思、恩格斯在《共产党宣言》中指出："代替那存在着阶级和阶级对立的资产阶级旧社会的，将是这样一个联合体，在那里，每个人的自由发展是一切人的自由发展的条件。""过去的一切运动都是少数人的，或者为少数人谋利益的运动。无产阶级的运动是绝

大多数人的，为绝大多数人谋利益的独立的运动。”“共产党人始终代表整个运动的利益。”鲜明阐述了中国共产党为人民服务的理论来源。

中国共产党的初心是为中国人民谋幸福、为中华民族谋复兴。人民对美好生活的向往，不仅体现在对物质文化生活的更高要求上，还体现在对民主、法治、公平、正义、安全、环境等方面更美好的向往中。这些向往具有悠久的历史渊源、深厚的理论基础、丰富的现实意蕴和美好的未来图景。为了这些向往，许多共产党人为之奋斗，无怨无悔。

云南丽江华坪女子高级中学校长张桂梅被授予“时代楷模”称号，因为对当地教育扶贫的巨大贡献，她又被授予“七一勋章”。当年，17 岁的张桂梅随支援边疆建设的姐姐来到云南。1990 年，从丽江教育学院毕业后，她辗转来到了丽江华坪县，成为了一名乡村教师。工作中，张桂梅经常会接触到一些农村贫困家庭和失学、失孤儿童。她发现很多女孩并不是孤儿，而是被父母遗弃的女婴。联想到学校女孩初中毕业后很少上高中的现象，她决定创办一所全免费的女子高中，让贫困山区的女孩免费读高中、考大学。然而仅靠华坪县的财政拨款不足以支撑建设这样一所学校。为了筹钱，张桂梅挨家挨户“化缘”，有人放狗咬她、向她吐口水，有人说她是骗子。那些不堪回首的瞬间，一次次吞没了她的尊严。就这样，她咬牙坚持了 5 年。2007 年，张桂梅当选党的十七大代表到北京开会，她向媒体说起自己要修建一所全免费的贫困女子高中的梦想，现实才出现了转机。2008 年 9 月，在党和政府及社会各界的支持下，全国第一所免费女子高中正式开学。开学那天，张桂梅站在唯一的教学楼前，泪流满面。

经费紧张，基础设施落后，办学之初，学校发展举步维艰，渐渐地，教师团队失去了士气。正在张桂梅心灰意冷的时候，一份档案给了她坚持下去的动力。回忆起当时的情景，张桂梅这样说道："我发现，8个老师有6个是党员，我一下子底气就来了，我眼睛就亮了。战争年代，有一个党员在，这个阵地都不会丢的！"她马上召集老师开会重温入党誓词，读到"我宣誓，我志愿加入中国共产党"这儿，就没声音了，后面跟的声音都是哭腔的，老师们全哭了。一起宣读誓词的党员教师们在那一刻找到了共鸣。从那以后，丽坪女子高中的师生们有了全新的精神面貌。

女高学生的学习底子普遍不好。怎么办？只能用时间弥补。为了督促学生，身患肿瘤、小脑萎缩等多种疾病的张桂梅仍然坚持早上5点起床，每天至少3次巡校、查课。在张桂梅教过的课文中，有一篇《愚公移山》。当她一遍又一遍给学生讲这个故事的时候，她没有想到，自己有一天也会成为"愚公"。在教育贫困这座大山面前，张桂梅长年坚持家访，家访行程有十几万公里。在家访的路上，张桂梅摔断过肋骨、迷过路、发过高烧，还曾因旧病复发晕倒在路上……学校苦办、教师苦教、学生苦学，她用那双贴满膏药的手，把2000多名求学的农村女孩带出大山，送进大学，撑起了孩子们的梦想。

历史的车轮总是伴随着人民对美好生活的向往而不断向前。党的十七大强调，"必须在经济发展的基础上，更加注重社会建设……努力使全体人民学有所教、劳有所得、病有所医、老有所养、住有所居"。党的十八大强调，"要多谋民生之利，多解民生之忧，解决好人民最关心最直接最现实的利益问题，在学有所教、劳有所得、病有所医、老有所养、住有所居上持续取得新进展"。党的十九大进一步强调，永远把人民对美好生活的向往作为奋斗目标，"在幼有所育、学有所教、劳有所得、病有所医、老有所养、住有所居、弱有所扶上不断取得新进展，深入开展脱贫攻坚，保证全体人民在共建共享发展中有更多获得感，不断促进人

的全面发展、全体人民共同富裕”。从中可以看出，党的十九大在“五有”的基础上，进一步增加了“幼有所育”“弱有所扶”，以更好满足人民对美好生活的新期待。党的二十大报告指出，“健全基本公共服务体系，提高公共服务水平，增强均衡性和可及性”。从中华民族对“小康”“大同”理想社会的追求到今天我们致力于实现中国式现代化的奋斗目标，从《礼记·礼运》提出“四有”到党的十九大扩充为“七有”，再到党的二十大对民生福祉的全面部署，美好生活的内涵不断丰富，反映了中国共产党对以人民为中心理念的不断深化和不懈追求。

（三）以“严私德”为底线，强化纪律规矩

习近平总书记对党员干部的私德修养提出了明确要求。严私德就是要严格约束自己的操守和行为。所有党员、干部都要戒贪止欲、克己奉公，切实把人民赋予的权力用来造福于人民。领导干部要把家风建设摆在重要位置，廉洁修身、廉洁齐家，防止“枕边风”成为贪腐的导火索，防止子女打着自己的旗号非法牟利，防止身边人把自己“拉下水”。领导干部的私德不是私事，会影响政府公信力和社会风气。对领导干部来说，没有绝对的私人领域，也没有所谓监督禁区。

1. 戒贪止欲、克己奉公，切实把人民赋予的权力用来造福于人民

权力观是指人们特别是执掌国家政权的人对权力的来源、性质、如何使用等的看法和态度。根据马克思主义政治观，权力的性质是由经济基础决定的，或者说是由权力主体所代表的利益所决定的。习近平总书记指出：“马克思主义权力观，概括起来是两句话：权为民所赋，权为民所用。”这一重要论断深刻揭示了社会主义国家权力的来源、本质、运行准则，彰显了以人民为中心的权力观。

从理论上讲，权力源于谁，就必然要对谁负责，因此对权力来源的看

法是权力观的基础。从古至今对政治权力的理论研究和探索实践，大体将权力来源归纳为两种，即“君权神授”和“主权在民”。“君权神授”预设存在具有绝对权威、高高在上的“天”，统治者受命于天，民众必须对君主绝对服从。此外，经由资产阶级与封建专制统治长期抗衡，18世纪法国启蒙思想家卢梭提出“主权在民”。这一理念坚持国家主权属于民众，公职人员并非民众的主人而是为其工作的办事员。“主权在民”打碎了“君权神授”带有的神秘意志枷锁，将权力的来源从神坛拉回人间，因此有一定的进步性，但受资产阶级社会生产资料私有制和所代表利益集团的限制，权力始终无法真正体现全体民众的意志。社会主义国家是由代表新的生产力的无产阶级带领广大劳动人民建立起来的政权，结束了少数剥削阶级统治的局面，以实行生产资料公有制保障了占社会绝大多数的人民群众当家作主。虽然从理论上讲人民是社会主义国家的主人，但现实中每个人直接管理国家事务又有明显的执行困难。因此，在中国，广大人民通过参与民主选举产生各级人民代表大会作为国家权力机关，由它选举人民政府作为国家权力机关的执行机关，代表人民行使管理国家的权力。所以，从本质上讲，少数国家工作人员手中的权力源于人民，公职人员因其岗位从属于公共权力，也天然带有为民服务的职责。综上，在我国，政治权力本质上是公共意志的象征，它源于人民，只能代表并服务于人民。公职人员的政治权力并不是天生的、绝对的、永久的，更不是专属于某一个人的私有财产和牟利工具，它能够被赋予，也能够被免除、收回。因此，领导干部要深刻理解“权为民所赋”，不能因为常居其位、手握权力而忘乎所以，要对权力时时抱有敬畏之心。滥用权力，甚至认为“当官就是为了发财”，则说明已经陷入“官本位”“权力本位”的逻辑中。

官僚制度在中国历史久远，历朝历代对官的等级及相应的权、职、

责都有详尽规定。久而久之，官本位意识逐渐萌发。在“官本位”的社会文化中，形成了中国特有的一系列评价术语，如“明君”“圣主”“忠臣”“清官”“廉吏”，以及“昏君”“奸臣”“贪官”“污吏”等。老百姓将自己的命运寄托于“英明皇帝”和“青天大老爷”身上。治理灾害，昭雪冤案，安定生活，平安行路，乃至造一座桥、修一条路等都要仰赖并称颂官的“功德”。

我国是社会主义制度国家，尽管市场经济的发展使人们的价值取向呈多元化状态，但是公职人员必须有清醒的权力意识。为人民掌好权、用好权是中国共产党立党为公、执政为民的根本体现，是我们党对各级领导干部运用权力的基本要求。因此，正确运用和对待权力，消除封建社会的“官本位”思想，是摆在广大领导干部面前的一个非常重要又特别紧迫的课题。

2015 年 1 月，习近平总书记在同中央党校县委书记研修班学员座谈时指出：“鱼和熊掌不可兼得，当官发财两条道，当官就不要发财，发财就不要当官。”习近平总书记实际上是给党员、干部立起了一条“戒尺”，划出了一条“红线”：想当官就莫求发财，想发财就别来当官，不能脚踩两只船。领导干部走上贪腐的不归路，大多源自一个“贪”字。没有谁是天生的腐败分子，腐败堕落都有一个由小到大、由轻到重的过程。这些贪官看到昔日同窗好友下海经商后腰缠万贯，吃的是山珍海味，穿的是高档名牌，住的是别墅洋楼，不平衡感强烈，道德坐标由此发生倾斜。世界观、人生观、价值观一旦出了问题，一定过不了权力关、金钱关、美色关，必定不能清清白白做人、干干净净做事、坦坦荡荡为官。

欲明人者先自明，欲正人者先正己。私德的疏忽，贪欲的泛滥，自律的松懈，足以让政德沦丧，让政治生命终结。领导干部切实从自身做起，从小事做起，时刻保持警醒，在自省自律中保持清廉本色，才能无愧于自己的人生和家庭，无愧于党和人民的重托。

2. 要把家风建设摆在重要位置，廉洁修身、廉洁齐家

“严私德”中的“私德”除了个人品德，还包括家庭美德。为政者修养廉德，个人修身固然是根本，但家庭风气也非常关键。修身与齐家相辅相成，相得益彰。身修而家不齐，想做一个清官很难。所以，《大学》讲：“身修而后家齐，家齐而后国治。”为政者的家风家教绝非个人的私事，关乎治国理政，必须认真对待。从这个角度讲，领导干部自觉做到廉洁齐家，自觉带头树立良好家风是贯彻执行《中国共产党廉洁自律准则》的必然要求，也是培树良好社会风尚的应有之义。

古代中国社会家国同构，家的重要性不言而喻。中华民族自古就有重家教、守家训、正家风的文化传统，就有“修身、齐家、治国、平天下”的道德传承。诸葛亮《诫子书》：“夫君子之行，静以修身，俭以养德，非淡泊无以明志，非宁静无以致远。”这告诫我们要修身养性、勤俭质朴。司马谈《命子迁》：“且夫孝，始于事亲，中于事君，终于立身，扬名于后世，以显父母，此孝之大者。”这教育我们做人要讲孝义。陆游《放翁家训》：“天下之事，常成于困约，而败于奢靡。”这告诉我们不能萎靡不振、不思进取，应该奋发图强。清代曾国藩说：“家勤则兴，人勤则健；能勤能俭，永不贫贱。”中国还有“哀哀父母，生我劬劳”“父慈而教”“敬亲者，不敢慢于人”等训诫广为流传。此外，留给子孙后代只有清白名声的房彦谦、“不从吾志，非吾子孙”的包拯等历史上著名官员，传承优秀家风，享有为政以德、清正廉洁的名声，在几个世纪之后仍被世人传颂。他们虽已成为历史人物，但也成为中国家风建设的楷模，建构起了中华优秀家风文化。诸如此类的家风家训是中华优秀传统

文化的精华。从历史沉淀中总结的家风家训，无论何时何地都是我们的精神宝藏。

在现代中国，虽然社会性质发生了根本变化，但是家庭仍是社会的基本细胞，其对个人成长的意义依然不容忽视。对于领导干部等权力的执行者而言，其家庭环境的影响更不容小觑。齐家在今天依然是党员、干部必须做好的一门功课。树立正确的家庭观、权力观、公私观，才能家齐。齐家以正是一个亘古不变的原则。

除了中华优秀传统文化中的家风传统，革命文化中也有鲜明的家风品格。开国领袖毛泽东给自己定下三条原则：恋亲不为亲徇私，念旧不为旧谋利，济亲不为亲撑腰。周恩来曾专门召开家庭会议，并定下不谋私利、不搞特殊化的“十条家规”。习仲勋要求子女勤俭持家、低调做人。这些革命先辈在亲情与党的利益、人民的利益之间，始终保持着清醒的头脑，为全党做出了表率，深刻影响了后来一代又一代党员、干部。

全国优秀共产党员、吉林省人大常委会原副主任汪洋湖同志在这一方面做出了表率。他严以修身，在吉林省水利厅任职期间，为了防止所管理的水库送礼走后门，汪洋湖竟然谎称自己不吃鱼。他严以齐家，与家人约法三章：不参政、不收礼、不特殊。一次，汪洋湖去吉林市出差，妻子温淑琴思念刚生产不久的女儿，便想搭个顺风车，被汪洋湖拒绝了。汪洋湖经常对家人说：“我只能当你们的人生向导，而不能当拐棍儿。”他老伴温淑琴退休前是吉林省水利水电设计院卫生所的一名普通护士，多年来与丈夫默契相守，做好丈夫的坚强后盾。

领导干部涵养清正家风，既要从中华优秀传统政德思想中汲取营养，又要传承革命先辈的优良家风，更要在政治实践中经得住公私检验、情感考验。一些领导干部做不到这一点，往往会受“枕边风”的影响。纵观近些年来发生的贪腐案件，家族式腐败已成为领导干部走向违法深渊的重大因素。一些高官落马的很大一部分原因就是他们家风不正，利用自己的职权纵容亲属非法敛财，在亲情面前丧失了基本底线，罔顾人民公仆的责任。领导干部的家风建设对党的作风建设及反腐败斗争具有举足轻重的作用。要实现党内作风优良，严格党的纪律、加强党员干部的家风建设是非常必要的。

三、新时代中国共产党推进政德教育的基本维度

作为干部党性教育的重要组成部分，政德教育是一项塑造干部价值观的系统工程，既要遵循思想政治教育的普遍规律，又要注重干部这一群体成长的特殊需求。借助教育心理学中品德心理结构的相关理论，开展政德教育可以从知、情、意、行四个维度同向发力，引导党员、干部培养全面的政德认知、深厚的政德情感、坚定的政德意志和扎实的政德实践。

（一）认知教育：在政治理论学习中完整准确理解政德观

认知是人通过感觉、知觉、记忆、想象等活动对外界信息进行加工的过程，是人开展分析、评价、实践等活动的基础。通常意义上，涉及价值观、人格品德等范畴的道德观念不会自发产生和养成，必须经由多主体、系统化的协同教育培养才能获取。在政德教育过程中，要用好线上和线下两个平台、“四史”和国情两大主题、课题和课程两大渠道，通过组织党员干部参与自学、党委（党组）理论学习中心组学习、党校轮训、专题学习等把政德的内涵、地位、意义讲清楚，让大德、公德、私德的内容进教材、进课堂、进头脑，帮助党员、干部形成关于“政德是什么”“为什么要讲政德”“如何讲政德”等理论问题的体系化理解。

（二）情感化育：在英模教育中涵养持久深厚的政德情怀

情感是人们在认知基础上对事物形成的情绪体验，是人们心理活动和行为实践的重要动力。列宁说："没有'人的情感'，就从来没有也不可能有人对于真理的追求。"积极正向的情感体验不仅能反映人的精神面貌，还能成为受教育者前进奋斗的内在驱动力。党性教育实践证明，如果受教育者对党所传播的理论认同程度高，在受教育过程中又能产生积极的情感，那么把理论外化为行为的自觉性就高；如果受教育者在受教育过程中没有产生积极的情感，即使理论认同度高，行为外化的自觉性也会衰减，且难以持久。[①] 从这个角度讲，政德教育有必要用科学的政德观引导党员、干部的认知判断，帮助他们形成热情、开朗、同情、信任、感恩等积极健康的情感，进而建立对理想、对人民、对纪律至信而深厚的思想认同，这是政德教育的重点。

党的十八大以来，许多干部教育机构挖掘政德教育资源，创新政德教育形式，探索开发现场教学、案例教学、体验教学、礼乐教学等方法，实现了理论讲授与现场学习、专家分享与自我感悟、理性思考与情感打动相结合，在课堂模拟中激发党员、干部对理想信念、宗旨意识、廉洁从政等的认知自觉和情感共鸣。同时，在政德教育中，许多干部教育机构注重整理挖掘党史、国史、改革开放史中的先进事迹、先进人物，让学员在现场教学中感悟孟子"富贵不能淫，贫贱不能移，威武不能屈"的大丈夫人格，以涵养对道德的归属感和认同感；感悟共产党人理想高于天的崇高精神，以激发党员、干部情感共鸣，进而强化坚定信仰、忠

① 参见肖小华《发挥情感在党性教育中的催化剂作用——以现场体验教学法为视角》，《中共郑州市委党校学报》2015 年第 1 期。

诚于党的信念，使之转化为具体务实的服务人民的行动。

（三）意志塑造：在价值澄清中坚定勇毅担当的精神品格

意志是指人们为了达到既定目的而自觉努力的心理状态。在经过对政德理论的认知学习、对为政之德的情感化育后，塑造勇毅担当的精神品格就成为政德教育的关键。换句话说，政德教育不能仅仅停留在与英模人物道德品质的共鸣上，要进一步引导干部发挥自身的主观能动性，把对政德修养的认同感变为践行政德的远大志向，把对英模的崇敬之情变为对标先进的奋斗之志，完成由“为什么要讲政德”向“如何讲政德”的转变。

政德教育在培养干部意志品质的过程中，要注重培养三种意志：一是坚定信念、无惧风浪的意志；二是一心为民、无惧困难的意志；三是廉洁用权、无惧诱惑的意志。大德不明的根本原因在于理想信念丧失，公德不守的主要原因在于宗旨意志淡薄，私德不严的关键原因在于纪律意识弱化。因此，在开展政德教育的过程中，要通过挖掘焦裕禄的廉洁治家案例、孔繁森一心为民的案例、黄旭华精忠报国的案例等，并结合一些腐败案例，从正反两方面向干部讲清楚意志品质对克服艰难困苦、抵住诱惑考验的重要作用，讲清楚在当前世情国情党情下坚定信仰的重要价值，引导学员正确看待国运沉浮和民族发展，做到以不变的担当意志应对复杂多变的世界。

（四）行为训练：在工作锻炼中践行强国兴国的理想目标

行为或实践是一种动态描述，是主体在价值观引导下表现出的行为方式。王阳明说：“知而不行只是未知。”在实践中深化学习认知、应用所学所悟一直是中华优秀传统文化倡导的修身方法。《干部教育培训工作条例》提出干部教育工作的六条原则，其中之一就是“联系实际，学以致用。大力弘扬马克思主义学风，围绕中心工作，坚持问题导向，引导干部加强主

观世界和客观世界改造，做到学思用贯通、知信行统一”。对于新时代的政德教育来说，行为训练既是必经步骤，也是呈现政德教育效果的重要途径。

在政德教育过程中，开展行为训练要结合干部教育要求和日常工作内容，科学合理搭配实践活动。除加大专题讲授的比重之外，还要安排社会调研、教学体验、专业技能研讨，增加党支部专题学习、专题座谈会等环节，促进学员立足岗位工作实际交流学习心得，结合国际国内重大事件讨论党的创新理论，深化对马克思主义和社会主义制度优越性的认识，使学员在充分交流的基础上增加对大德、公德、私德的政治认同和践行自觉。当然，政德教育是由干部个人、党性教育部门和所在工作单位协同配合的系统工程。在干部常态化管理中，各单位要充分利用日常考核和监督，以“德能勤绩廉”的考核标准和监督执纪的四种形态评先树优，帮助干部明辱知耻、涵养政德。

四、新时代中国共产党推进政德教育的着力点

进入新时代，干部队伍建设面临着更高标准、更严要求。随着以习近平同志为核心的党中央对政德的重视程度和研究力度不断增大，政德教育迎来了前所未有的光明前景。这些形势变化和政治支持为政德教育的开展提供了有利契机和强大动力。在此背景下，要想推动政德教育发挥更大作用，就必须按照《干部教育培训工作条例》《全国干部教育培训规划（2023—2027年）》等顶层设计要求，深刻总结新时代政德教育的有益经验，在把握规律的基础上不断推动政德建设取得更高质量发展。

（一）主体导向：发挥干部作为学员的主体性

通俗来讲，主体性主要指人在实践过程中表现出来的行为自主性和自由性，决定了人在实践中的主体地位。相比于传统教育，现代教育有很

多时代特征，其中非常重要的一条就是更强调受教育者的自主性，更尊重受教育者的主体地位。从干部教育培训组织与实施的角度而言，学员主体性研究有两方面的含义：一方面是所有培训活动以学员为中心，围绕学员而展开；另一方面是学员作为主体，是学习的主人，具有主观能动性或者自主性，能够预期自己通过培训取得的学习成果，并由此决定参与培训活动的程度。新时代要提升政德教育培训质量，必须突出干部在教育培训中的主体地位，使领导干部由被动学习变为自觉学习。

在开展政德教育的过程中，要想发挥干部作为学员的主体性，尊重他们在教育过程中所处的主导地位，首先要在前期从需求侧发力，在深入访谈、问卷调研的基础上搞清楚干部想学什么、想怎么学、想跟谁学这些问题。要通过日常谈心了解干部的学习意愿和诉求，以及其对政德教育内容的理解和熟悉程度。在此基础上，以干部需求为导向，通过丰富教学内容、创新教学形式来提升政德教育的针对性。

在做好以上工作的同时，需强化干部在政德教育过程中的学习主体地位。在集体培训中，组织干部通过写文章、讲故事、谈感悟等开展深度学习，在理论学习和成果输出的互动中将新时代政德观的要求内化于心、外化于行，养成自发自觉的学习习惯和踔厉奋发的精神品质。

（二）系统优化：注重教育内容和教育方式的协同开发

在做好干部需求侧工作的同时，要从政德教育供给侧发力，而这一点主要体现在政德教育教学内容和教育方式的创新开发上。

从教学内容上来讲，新时代政德教育内容应以马克思主义的世界观和方法论为指导，在主干课程设计上，要突出“新时代政德建设”这个主题，讲清楚其理论内涵、建设依据、实践路径等。在分支课程设计上，要注重开设“四史”、国际形势与政策、廉政、文化自信和基层社会治

理等专题课程和主题活动，帮助干部在学习“四史”中重温英雄模范的先进事迹，感悟他们理想高于天的信仰情怀，学习他们全心全意为人民服务的赤子之心和廉洁修身、廉洁齐家的慎独意识，确保树牢“四个意识”，坚定“四个自信”，坚决做到“两个维护”。为确保教学内容的丰富性和体系化，在进行课程设计和准备学习资料时，要注重整合中华优秀传统文化、革命文化和社会主义先进文化等教学资源，将儒家文化蕴含的传统官德精华、中国共产党在革命时期的艰苦淬炼历程与党性修养的时代要求结合起来，为学员打造集传统与现代、理论与案例、中国政德与西方行政伦理于一体的知识体系。

本着教学形式为教学内容服务的原则，在做好内容设计的同时要注重教学方式的创新。为了发挥党员、干部作为学员的主体地位，《全国干部教育培训规划（2023—2027年）》要求改进干部教育的方式方法，综合运用研讨式、案例式、模拟式、体验式、访谈式等方法，推行结构化研讨、行动学习等研究式学习，探索翻转课堂等模式，开展教学方式方法运用示范培训。在政德教育过程中，要积极挖掘政德楷模进行案例访谈式教学，积极挖掘重大事件进行价值判断与分析的结构化研讨等，以多元化的思路实现内容与形式的相互配合、相互成就，提高政德教育效果。

（三）突出保障：完善政德教育的考核评估和纪律监督机制

政德教育的教学效果不仅取决于教育内容的丰富性和教育方式的灵活性，还离不开考核评估、纪律监督这些环节的协同配合和有力支持。考核评估主要指对教学效果的检验，纪律监督主要指对教学秩序的管理。

考核评估分为两方面：一是对受教育者的考核，二是对教育者的评估。在第一部分考核上，从考核主体来讲，主要由有干部管理权限的机构或部门来组织；从考核内容来讲，主要包括干部参与学习的态度、政德理论掌握程度、作风修养的培养程度和纪律规矩的遵守情况等；从考核方式来讲，主要指集中培训考核和年度学习考核两种方式；从考核运用上来讲，要把参与政德教育的经历和考核结果纳入干部培训统计中，并作为评先树优的重要参考。在第二部分评估上，从评估主体来讲，主要是干部教育培训主管部门及其委托机构；从评估内容来说，应当包括政德教育班次的培训设计、培训实施、培训管理、培训效果等。通过组织对教育者的评估和对受教育者的考核，可以切实检验政德教育的组织效果和学习效果，最大程度了解现阶段政德教育中的短板，以有效根据反馈意见改进教学管理、提升学习效果。

对政德教育的纪律监督主要遵循《干部教育培训工作条例》相关要求执行。需要特别注意的是，为确保政德教育培训有效，干部教育培训主办单位要将政德教育作为干部调训的重要内容，并组织相关的专题培训班和专题读书班，尽可能地为干部接受脱产培训提供支持。同时，各单位要结合自身实际情况，组织形式多样的日常学习活动，如党委（党组）理论学习中心组学习、主题党日活动、读书沙龙等，实现政德教育专题培训和常态化学习相结合。在这一点上，干部教育主管部门应当加强对主办单位和培训机构的监督。

第五章
中华优秀传统文化融入政德教育的实证研究

近年来，济宁市充分发挥中华优秀传统文化资源富集的优势，积极探索运用中华优秀传统文化提升干部政德修养的新方法，将中华优秀传统文化融入政德教育实际工作之中，取得了积极成效。

一、济宁市将中华优秀传统文化融入政德教育的基本情况

2013 年 11 月，习近平总书记在视察山东时，作出了大力弘扬中华优秀传统文化的重要指示，并强调“国无德不兴，人无德不立”。2015 年 4 月，习近平总书记对中共中央办公厅回访调研提出的“到曲阜等中华优秀传统文化发源地进行政德方面的传统教育，并组建党性教育培训特色基地”的报告作出重要批示。为贯彻落实习近平总书记重要讲话、重要指示批示精神，2015 年 6 月以来，在中组部和山东省委的关心支持下，在山东省委组织部的指导推动下，济宁市充分发挥资源富集的优势，以“弘扬优秀传统文化，涵养干部为政之德”为主题，倾力打造了山东济宁政德教育干部学院（原名济宁干部政德教育学院）。

2016年4月，山东省委编办批准设立济宁干部政德教育学院。2019年10月，山东省委组织部批准将曲阜、邹城、金乡、嘉祥、汶上干部政德教育基地和微山湖党性教育基地列入省委组织部备案的干部党性教育基地目录。济宁干部政德教育基地形成了以济宁干部政德教育学院为主阵地，以曲阜市、邹城市、嘉祥县、金乡县、汶上县、微山县等干部政德教育中心为分教学区的“一院多区”的办学格局。学院于2019年4月被中组部纳入全国首批省（部）级党委（党组）批准的干部党性教育基地备案目录，2022年9月被中组部纳入党性教育干部学院目录，是全国72家党性教育干部学院之一。2022年4月，山东省委组织部印发《党性教育培训机构规范管理工作方案》，提出拟将济宁干部政德教育学院更名为济宁政德教育干部学院，作为向中组部推荐拟保留的4所干部学院之一，同时提出将现有曲阜市、邹城市、嘉祥县、金乡县、汶上县、微山县6处县级教学基地，与济宁政德教育干部学院整合，按照现场教学基地管理。

济宁政德教育干部学院已成为中央党校（国家行政学院）的现场教学点、中国浦东干部学院的教学研究基地。2021年9月，中共中央办公厅《工作情况交流》印发《山东深入挖掘中华优秀传统文化资源全面加强干部政德教育》专刊，把济宁干部政德教育工作经验向全国交流推广。

二、坚持政德教育正确的功能定位和办学方向

（一）坚持“弘扬优秀传统文化，涵养干部为政之德”的办学主题

2018年3月，习近平总书记在重庆代表团参加审议时强调指出：“领导干部要讲政德。政德是整个社会道德建设的风向标。立政德，就要明大德、守公德、严私德。”随后，习近平总书记在全国组织工作会议、庆

祝中国共产党成立100周年“七一勋章”颁授仪式等重要会议上强调，要“加强政德修养、打牢从政之基”“要抓好纪律教育、政德教育、家风教育”“全党同志都要明大德、守公德、严私德”。2021年7月，习近平总书记在庆祝中国共产党成立100周年大会上强调指出，“坚持把马克思主义基本原理同中国具体实际相结合、同中华优秀传统文化相结合”。这些都为深入开展政德教育工作提供了根本遵循，指明了前进方向。

2018年11月，中共中央印发《2018—2022年全国干部教育培训规划》，首次提出要“开展政德教育，引导干部明大德、守公德、严私德”。《中共中央关于加强党的政治建设的意见》《关于加强新时代廉洁文化建设的意见》《关于推动党史学习教育常态化长效化的意见》等文件明确提出，要教育干部明大德、守公德、严私德。

济宁政德教育干部学院认真贯彻落实习近平总书记关于“领导干部要讲政德”“坚持把马克思主义基本原理同中国具体实际相结合、同中华优秀传统文化相结合”等重要讲话精神，依托济宁中华优秀传统文化资源富集的优势，积极探索开展政德教育、提升干部政德修养的方法，确立了“弘扬优秀传统文化，涵养干部为政之德”的办学主题，办学理念和发展目标科学合理，符合新时代干部教育培训需求，成为中组部备案的干部党性教育基地中唯一一处创新运用中华优秀传统文化教育培训干部的学院，也是唯一一处以“政德教育”命名的学院。

（二）突出政治引领的办学方向

在山东省委、济宁市委的领导指导下，学院深入学习贯彻党中央对干部教育培训工作的有关要求，把“旗帜鲜明讲政治”贯穿政德教育各方面全过程，切实增强“四个意识”、坚定“四个自信”、做到“两个维护”。

突出政治引领，学院持续跟进学习贯彻习近平总书记关于“领导干部要讲政德”“推动中华优秀传统文化创造性转化、创新性发展”等重要讲话精神，及时将习近平总书记重要讲话精神体现到教学内容中。自主开发的“为政之道　以德为先——习近平有关政德建设相关论述的传统文化意蕴”专题课被评为中组部学习贯彻习近平新时代中国特色社会主义思想全国好课程、“坚定文化自信　铸牢大国之魂”等3堂专题课入选山东省委组织部“全省干部教育培训好课程”，打造的全国党校（国家行政学院）系统精品课“儒学修养论中的党性修养借鉴”等4堂专题课受邀到中央党校（国家行政学院）、北京大学送课，“深刻认识马克思主义与中华优秀传统文化的内在融通性”等5堂课程入选山东省委组织部“全省基层干部培训优秀网络课程”。拍摄录制11堂专题课和10个现场教学视频，在中组部中国干部网络学院开设政德教育学习专栏。这是全国首个也是唯一一个地方特色课程专栏。

注重规划先行，山东省将用好济宁干部政德教育基地资源列入省第十一次党代会报告，将支持济宁干部政德教育基地建设列入全省“十四五”规划，列入省委常委会工作要点，及时跟进督导调度。注重省市一体推进，明确由1名省委常委牵头负责，济宁市委成立由市委书记任组长的干部政德教育工作领导小组，实施“一把手”工程，合力推进济宁干部政德教育基地建设。学院立足工作实际和长远发展，制定了加快推进干部政德教育工作提质升级“三年行动计划”的实施意见和“十四五”规划及分工方案，确立了建设全国一流特色干部学院的发展目标，确保治学治教治院始终坚持正确的政治方向。

三、山东济宁政德教育干部学院将中华优秀传统文化融入政德教育的基本做法

济宁政德教育干部学院在帮助干部正心明道、涵养政德，更好地依靠文化自信坚定理想信念，引领新时代社会风尚等方面，发挥了重要作用，打造了在全国具有一定影响力的干部教育品牌。在具体工作中，济宁政德教育干部学院突出政治性、时代性、专业性、实践性的办学原则，以讲清楚习近平总书记“立政德，就要明大德、守公德、严私德”的重要论述为教学目标，将理想信念教育、宗旨意识教育、道德品行教育、家风家教教育等有机融合于政德教育中，力求以管用有效的教学培训，把习近平总书记关于政德建设的相关论述讲到干部的心坎里，讲进干部的头脑中，并取得一定成效。

（一）在教学方向上坚持政治引领

始终以政治性作为学院建设的第一属性，坚持中国共产党的领导，把“旗帜鲜明讲政治”贯穿到一切教学、科研和办学活动中，坚决把准正确的办学方向，确保学院的党性教育本色。

始终坚持以习近平新时代中国特色社会主义思想为根本遵循，把学习贯彻、研究宣传习近平新时代中国特色社会主义思想作为首要任务，坚持将其作为首课、主课和必修课，着力推动党的创新理论武装与党性教育深度融合。特别是持续跟进学习贯彻习近平总书记关于“四个讲清楚”、文化“两创”、“两个结合”和领导干部要讲政德等重要论述，不断增强政治责任感和历史使命感。

始终坚持以马克思主义基本原理为指引，深入阐发中华优秀传统文化新的时代内涵，着力推动中华优秀传统文化提炼转化、推陈出新，努力将中华优秀传统文化中丰富的治国理政智慧创造性地转化为滋养干部为政之德的思想活水，坚决避免成为一般性传统国学普及活动，不断提升政德教育工作的独特性和吸引力。积极服务学习贯彻习近平新时代中国特色社会主义思想主题教育，高质量承接了山东省委常委会和中央第九指导组集体来济宁政德教育现场教学点开展党性教育等活动，此外，省人大常委会机关、省委组织部、省委编办等10余个省直部门单位、300余人在主题教育期间来学院开展政德教育。

始终坚持及时跟进贯彻落实中央最新精神。第一时间将中央精神融入体现到政德教育教学内容中，深入贯彻到课程打造、教学点提升、教材编撰等各方面工作中。多次邀请中组部、中央党校（国家行政学院）、北京大学、清华大学等机构有关领导专家，召开专题研讨会，对学院教学体系等进行研究论证，及时开展学习贯彻习近平总书记在文化传承发展座谈会上的重要讲话精神和“两个结合”与新时代政德建设专家座谈交流活动，加强对政德教育路径、教学和研究成果的把关定向，确保政德教育课程照应现实、常讲常新。

（二）在教育内容上，以讲透“立政德，就要明大德、守公德、严私德”为重要任务

济宁政德教育干部学院突出政治性和时代性，坚持中华优秀传统文化创造性转化、创新性发展的“两创”方针，充分发掘文化经典、历史遗存、文物古迹等承载的政德教育资源，阐发符合时代需要的新内涵、新价值，全力服务于建设忠诚干净担当高素质的干部队伍。

明大德，就是要铸牢理想信念、锤炼坚强党性，在大是大非面前旗帜鲜明，在风浪考验面前无所畏惧，在各种诱惑面前坚定立场，这是领导干部首先要修好的“大德”。济宁政德教育干部学院把学习贯彻习近

平总书记系列重要讲话精神作为必修课、主导课，特别注重讲清讲透习近平总书记关于传承和弘扬中华优秀传统文化的重要论述，让广大学员深刻认识到“中华文明推崇的‘小康’‘大同’‘天下为公’，与今天我们为之奋斗的中国特色社会主义事业息息相通”，用中华优秀传统文化滋养初心使命，帮助学员增强文化自信、坚定理想信念。聚焦“明大德”的要求，挖掘中华优秀传统文化中的“志道忠诚”等理念，开发“儒学修养论中的党性修养借鉴”等专题课，打造了孔子研究院“习近平总书记视察孔子研究院讲话精神解读”、孔庙弘道门“弘道明志”等教学点，向学员讲述“天下至德，莫大乎忠”的时代价值，帮助学员铸牢理想信念。政德教育培训的一个重要目标就是让学员更加深刻地认识到“天下至德，莫大乎忠”，对党绝对忠诚是领导干部的基本要求。

守公德，就是要强化宗旨意识，全心全意为人民服务，恪守立党为公、执政为民理念，自觉践行人民对美好生活的向往就是我们的奋斗目标的承诺，做到心底无私天地宽。济宁政德教育干部学院在教学中着重讲述“讲仁爱、重民本”“仁政利民”等中华优秀传统文化中具有当代价值的为民理念，打造以“儒家仁爱思想”“儒家仁政民本思想”等为主题的现场教学点以及“中华优秀传统文化传承体验村居”，开发“传统仁政思想及其当代启示”“奋斗精神与传统文化”等专题课，让学员感悟体会中华文明推崇的“重民”“安民”等民本思想，与今天我们坚持的“以人民为中心”“全心全意为人民服务”一脉相承，强化学员的家国情怀和责任担当。这种潜移默化的现场体验式教学，能让学员更直观、更深刻地体悟到古今为民服务理念的传承，更深切地认识到为中国人民谋幸福、为中华民族谋复兴是共产党人的初心使命。

严私德，就是要严格约束自己的操守和行为，牢记“堤溃蚁孔，气泄针芒”的古训，坚持从小事小节上加强修养，从一点一滴中完善自己，严以修身，正心明道，防微杜渐，时刻保持人民公仆本色。济宁政德教育干部学院深入挖掘儒家思想中“修齐治平”方面的智慧，开发了“传统廉政思想及其当代价值”“中华传统美德与领导干部政德修养”等专题课，打造了孔府内宅戒贪图“儒家廉政思想”、孟府大堂“儒家规矩之道”、曾庙三省堂“曾子修身思想”等教学点，从教育的角度用现代的语言讲述中华优秀传统文化中的廉政思想、家风家教思想、规矩之道等，让学员充分体会到中华文明推崇的“仁义礼智信”，与今天我们倡导的家国情怀、责任担当乃至社会主义核心价值观交相辉映，使学员准确把握恪守私德的养成路径。中华优秀传统文化中蕴含着丰富的修身立德智慧，有利于共产党人提高自身修养。

（三）在教学体系上，形成了特色化多元一体的教学模式

济宁政德教育干部学院聚焦管用有效，以提升教学的针对性、有效性作为深化政德教育工作的重要目标。结合新时代党员干部的特点和实际需求，持续增强政德教育工作的时代性，形成了课堂教学、现场教学、体验教学、礼乐教学等多元一体的教学模式，致力于持续增强政德教育的针对性、有效性。

学院着力将中华优秀传统文化中丰富的治国理政智慧，创造性地转化为滋养干部为政之德的思想活水，既立足于讲深讲透、坚持学术性与规范性，又不陷于学术争论，坚持适用性、针对性，开发了“传承儒家思想精髓　涵养干部为政之德”等70余堂总论课和分论课。学院与特聘教授协作打造的“儒学修养论中的党性修养借鉴”获评全国党校（行政学院）系统精品课，外聘教师打造的“习近平总书记关于宪法的重要论述”“学习习近平总书记关于宗教工作的重要论述，做好新时代宗教工

作”“从红船初心到民族复兴”获评中组部学习贯彻习近平新时代中国特色社会主义思想全国好课程，外聘教师打造的“违纪违法干部忏悔录的警示”获评全省干部教育培训好课程。学院采取专题授课、互动答疑、访谈教学、研讨交流等多种教学形式，注重系统讲授与交流研讨于一体，有效启发学员深入思考、系统理解中华优秀传统文化的思想精髓及当代价值，实现了传统与现代教学内容的转化贯通，既讲清了历史传统，又讲明了鲜活现实，具有较强的系统性和逻辑性。

注重传统与时代结合、传承与发展并举，深入挖掘济宁独特而丰富中华优秀传统文化、革命文化和社会主义先进文化资源，依托曲阜“三孔”、邹城“两孟”、嘉祥曾庙和武氏祠等传统文化资源，孔子研究院、孔子博物馆、孔子大学堂等现代文化场所，以及金乡鲁西南战役纪念馆、王杰纪念馆和微山铁道游击队纪念园等红色文化纪念地，打造了30多处现场教学点，形成了以中华优秀传统文化现场教学点为核心，以革命文化、社会主义先进文化现场教学点为支撑的“一个核心、两个支撑”现场教学体系，着力将文化资源优势转化为现场教学优势。学院制定出台了《济宁干部政德教育基地现场教学点建设管理办法》《现场教学师资考核办法》等，在现场教学点遴选、开发、建设、运行等方面形成了规范的制度体系。学院注重推动传统单一讲解向全程导学与多个微课堂授课相结合的形式转化，采取由1名导学全程讲解和多名现场教员讲解相结合的方式，连点成线，用一系列小故事讲述大道理，让学员在实景实情中领悟“修齐治平”大智慧。同时注意把控教学节奏和时长，既不使教学点过于集中而显得节奏过于紧张，又不使教学点间隔过长而导致教学不连贯，确保教学更具吸引力和感染力。

在体验教学方面，学院着眼于中华优秀传统文化的活态再现，在曲阜颜府、嘉祥大学书院等体验场所，开发了拓片制作、活字印刷、《论语》抄诵等体验项目，力求激活学员的文化记忆。完善提升以诚信、孝善等为主题的“中华优秀传统文化传承体验村居”教学点，展现运用中华优秀传统文化加强社会治理的实践成果，让干部在基层一线体验和谐文化、诚信文化、孝道文化等中华优秀传统文化的实践传承，加深对中华优秀传统文化的理解体验。

在礼乐教学方面，精选地方非遗项目和传统曲艺，撷取传统经典故事，依靠曲阜古乐舞团等本地团队力量和学院教员自身力量，自主创作了山东快书《官箴碑》、山东梆子《断机教子》、渔鼓《孔子试徒》、情景剧《鸡黍之约》《观欹论道》等喜闻乐见的礼乐教学剧目，以及政德教育实景剧目《儒风雅韵》；拍摄了专题教学片《政德的力量》，制作了政德教育专题片《政德基地——正德圣地》，在现场教学过程中实景展演，不仅能让学员从中感悟到敬、宽、信、慈、孝、悌等品德，还有利于激励精神、温润心灵、滋养道德情操、提升政德修养。

结合党性教育最新要求和学员需求，创新开发了“我的入党故事”“红色家书里的信仰”访谈式教学、“孔氏家风及当代价值”案例教学及互动教学、情景式教学、微课堂等形式多样的教学形式，严格按照要求合理规范设置班次学制，严格执行三天以上的学制要求，不断提高政德教育的针对性、有效性，切实以有效的教学培训推进政德教育高质量发展。

（四）在教学科研上，强化统筹整合“四个资源”

济宁政德教育干部学院立足精准适用，以系统深入的教学研究，作为提升政德教育教学质量的有效支撑。按照习近平总书记“四个讲清楚”的要求，突出专业性，坚持教学培训与理论研究同时抓，广泛招引和集聚外力，深入挖掘和提升内力，抓好“四个统筹”，努力提升政德教育质量。

统筹人才资源。加强儒学人才高地建设，注重对接儒学、党建研究专家和精通传统文化的领导干部，成立了济宁政德教育干部学院专家指导委员会。广泛对接清华大学国学院院长陈来等儒学大家，聘任孔子研究院原院长杨朝明、山东大学何中华教授等专家为特聘教授，为政德教育专题课打造、学术咨询、研究交流等提供智力支持。通过召开专家研讨会、领导干部座谈会等，多方征求意见，不断完善教学体系规划设计。

统筹研究资源。针对政德教育存在的基础理论研究薄弱、不够全面系统等问题，学院围绕学习习近平新时代中国特色社会主义思想、党史党建和干部教育培训等主题，与山东省哲学社会科学工作办公室合作开展理论研究，连续 4 年在山东省社会科学规划研究中设立“干部政德教育”专项，截至 2024 年底已立项 94 项课题，结项 51 项课题。学院干部和教师主持省级及以上课题 12 项、市级课题 17 项，参与省级及以上课题 4 项，在省级以上刊物发表理论文章 59 篇，其中《浅谈中国式现代化对中华优秀传统文化的基因传承》《习近平总书记关于新时代领导干部修身立德的重要论述探析》分别发表在《政工学刊》《中国井冈山干部学院学报》上。学院教职工积极将教研成果转化为专题课，主持的省级课题中已有 4 项研究成果转化为专题课。学院注重加强院校间的交流，与北京大学、清华大学多所知名高校，就共建“北京大学中华优秀传统文化研究实践济宁基地”“清华大学人文学院中华优秀传统文化实践济宁基地”等事宜开展合作，推动当地文化资源和高校教育资源碰撞出“火花”。

统筹教师资源。深入推进大学习、大练兵、大比武活动，大力实施青年教师培养、导学业务提升和优质课程打造“三大工程”。加强师资培训，每年到省内外高校和干部学院开展专题研修，以提升教师的理论水平和教学能力。严格标准条件，广泛选拔适用性强、素质过硬的师资。

注重对师资角色、形象的再塑造，通过系统培训和培养，将领导干部、先进模范人物、儒学乡土人才等兼职师资转化为干部教育的专业师资，使其身份由讲解员转变为导学和现场教学教员。目前已初步建立起100人左右的、专兼职结合的政德教育师资库，以更好地满足教学培训需求。

统筹教材资源。在省级层面成立了干部政德教育教材编撰委员会，坚持政治性、学术性、理论性的编写原则，译注中华优秀传统文化经典，开发辅助教材。学院自主编撰并正式出版了《中华优秀传统文化中的治国理政思想》《古今政德人物选编》《论语译注》《王杰精神的时代价值》等十余本教材，学院教授李敬学出版了专著《政德思想发展与实践》。其中,《中华优秀传统文化中的治国理政思想》《古今政德人物选编》《论语译注》等被评为“全省干部教育培训好教材”,《王杰精神的时代价值》《古今政德人物选编》《武氏祠汉画像诠释》《干部政德教育现场楹联集粹》等入选“山东省党员教育培训好教材推荐书目（第一批）”。另外，自主编写了《习近平总书记关于传承和弘扬中华优秀传统文化的重要论述》《干部政德教育现场教学使用教学资料》《中华优秀传统文化与基层社会治理》《中华优秀传统文化融入基层社会治理的济宁实践》等5种教学辅助资料，较好地满足了教学培训需要。

（五）在办学机制上，构建了“一体运作”的管理模式

济宁政德教育干部学院坚持“一体运作”的管理模式，以严格规范的教学培训管理，作为提升和保证政德教育质量的重要手段。济宁干部政德教育教学资源分布在曲阜、邹城、嘉祥、金乡、汶上、微山6个县（市），既有中华优秀传统文化教学资源，又有红色文化资源。为全面统筹整合教学资源，确保培训效果，济宁市在开展干部政德教育工作中特别注重加强资源整合和规范管理。

健全全面统筹的工作机制。济宁市委成立了干部政德教育工作领导小组，下设办公室，由山东济宁政德教育干部学院代行职能，强化对市县两级政德教育工作的制度化、规范化、标准化管理。全面统筹整合教学资源，坚持全市政德教育工作一盘棋，以山东济宁政德教育干部学院作为面向全国开展政德教育培训的主阵地，在曲阜、邹城、嘉祥、金乡、汶上、微山等地设立了政德教育现场教学基地，形成了“一院多区”的办学格局。为统筹开发和调配教学资源，实行“一院引领、多区联动”的一体运作的高效办学模式，既确保了教学资源属地开发有力量、有动力，又解决了各管一摊、各自为战的问题，使教学培训井然有序。

构建标准严格的制度体系。严格落实意识形态工作责任制，对教学内容严格把关，对教学活动严格监督，确保学院讲坛有纪律、课堂无杂音。配备素质本领过硬的跟班联络员、教学督导员，配合举办单位做好学员管理工作。持续加强教学科研人员、跟班联络人员、后勤保障人员队伍建设，不断提升学院工作人员的政治素质和专业能力。建立健全党建、行政管理以及教学培训、教学研究等方面制度和标准体系，使学院各项工作有规可依、依规而行。

坚持精准化培训、流程化管理、精细化服务，精准分析培训需求，精准制订实施方案，精准实施质量管控，精准提升保障服务，精准开展质量考评。在实施培训前，加强对不同层次、领域学员的需求调研，精准掌握学员的差别化培训需求；根据培训班时长、规模、专题的不同特点，按照“一班一策”原则，精准制订不同学制、不同专题的教学方案。在培训过程中，实行跟班项目化管理制度，广泛应用现代培训管理理念和前沿信息化手段，精准实施培训质量管控；从课堂教学、现场讲解到跟班服务、后勤保障，各个方面、各个环节、时时处处都展现孔孟之乡

“彬彬有礼”的文明风貌，精准提升全方位保障服务。在培训结束后，采取座谈交流、问卷调查、个别访谈、回访调研等形式，精准开展教学考核和培训质量评估，推动教学培训质量持续提升。“山东济宁干部教育培训机构建设和管理标准化试点”入选国家第九批社会管理和公共服务综合标准化试点项目，是全国首个国家级干部教育标准化试点项目。

强化一体运作的规范管理。对市县两级承办的培训班统一规划、统一标准、统一审批、统一监管、统一考核，出台《规范完善干部政德教育培训管理工作的通知》，提出 27 条针对性措施，做到培训主体、班次审批、师资选配、内容审查、教学形式、管理服务“六规范”，特别是严格执行“不承接 3 天以下的培训班”“课堂教学时间不得少于总课时的一半”等规定，有效保证了培训质量。

四、将中华优秀传统文化融入政德教育现场教学的案例解析

山东济宁政德教育干部学院聚焦“弘扬优秀传统文化，涵养干部为政之德”的办学主题，运用多元一体的教学模式，结合新时代干部教育培训新要求，深化丰富现场教学的内涵，提升现场教学的质量水平，逐步形成了传统与现代相贯通、符合新时代要求的政德教育现场教学体系，使现场教学成为效果最好、最具吸引力的政德教育教学形式，也成为政德教育最具特色、广受好评的金字招牌。

（一）挖掘利用古今贯通、丰富多样的现场教学资源

精心打造精深厚重、吸引力强的中华优秀传统文化现场教学点。围绕挖掘儒家文化、运河文化、汉代画像石文化等传统文化资源，着力将曲阜“三孔”、周公庙、颜庙、邹城孟庙、孟府、嘉祥曾庙、武氏祠、汶上文庙、大运河南旺枢纽国家考古遗址公园等中华优秀传统文化遗产地，

以及孔子研究院、孔子博物馆、孔子大学堂等现代文化设施，转化打造为在全国具有代表性、具有吸引力的中华优秀传统文化现场教学点，既激活了中华优秀传统文化的生命力和应有的教育功能，又把传统的文化资源转化为教育干部的有效载体。

精心打造深刻感人、感染力强的革命文化现场教学点。立足于发扬革命传统、传承红色基因，着力在金乡鲁西南战役纪念馆、王杰纪念馆和微山铁道游击队纪念园等革命文化纪念地，打造可听可看、可学可感的政德教育现场教学点，挖掘讲好感人至深、触动心灵的红色故事，将革命文化资源活化利用为实景实情的政德教育教学现场。

精心打造直观鲜活、说服力强的社会主义先进文化现场教学点。致力于直观展现济宁市乡村振兴、基层社会治理、产业发展成果，在邹城大束示范区、泗水龙湾湖示范区等山东省乡村振兴齐鲁样板省级示范片区和鱼台稻改馆，打造了乡村振兴现场教学点；在曲阜北元疃村、邹城后八村等文明示范村，打造了以诚信、孝善等为主题的中华优秀传统文化融入基层社会治理的现场教学点；在山东太阳纸业等民营企业，打造了展现企业党建和创新创业成效的现场教学点，着力将社会主义先进文化的生动实践成果转化利用为政德教育鲜活有效的现场教学点。

（二）提炼阐发主题鲜明、与时俱进的现场教学内容

坚持挖掘阐发、转化创新，凝练教学主题。聚焦“明大德”主题，在孔子研究院讲述习近平总书记视察孔子研究院重要讲话精神，在王杰纪念馆讲述王杰精神的时代价值等，着重讲清楚“天下至德，莫大乎忠”的时代价值就是要铸牢理想信念、对党绝对忠诚。聚焦“守公德”主题，在孟庙讲述儒家仁政思想，在山东省乡村振兴齐鲁样板省级示范片区泗水龙湾湖示范区讲述以人民为中心的发展理念等，深刻阐释讲仁爱、重

民本的核心要义就是始终坚持以人民为中心的发展理念。聚焦“严私德”主题，在孔府内宅戒贪图前讲述儒家廉政思想，在孔府重光门讲述儒家家风家教等，讲述“不矜细行，终累大德”的现实启示就是要做到廉洁从政、廉洁用权、廉洁修身、廉洁齐家。

注重照应现实、常讲常新，及时更新内容。突出现场教学的时代性，及时把习近平总书记最新重要讲话精神和中央最新政策要求，贯彻融入现场教学内容中。比如，围绕贯彻习近平总书记关于志气、骨气、底气的重要讲话，在孔庙弘道门教学点重点阐发君子志道弘道的当代价值。围绕贯彻习近平总书记关于中华文明具有五个突出特性的重要论述，在曲阜孔庙十三碑亭院讲述各民族自古以来亲如一家的历史传承，阐明中华文明具有突出的统一性；在汶上大运河南旺枢纽国家考古遗址公园讲述建设运河水利工程的智慧，阐明中华文明具有突出的创新性；在孔子博物馆讲述儒家思想与西方文明的交往交流，阐明中华文明具有突出的包容性，等等。同时，注重突出实践性，结合不同类型学员的培训需求，分层次、分类别准备不同侧重点的现场讲解词，不断提升现场教学的针对性和有效性。

突出专业严谨、统一精准，强化内容规范。统一由学院专门人员负责编写现场教学词，把好教学内容审定和更新完善关口，同时定期邀请高层次专家学者对教学内容研讨论证，确保现场教学内容专业严谨、表述规范。配合现场教学配套出版《干部政德教育现场教学讲解词》《干部政德教育现场教学导学词》《干部政德教育现场楹联集粹》等 6 部现场教学教材，并及时对现场教学教材修订再版，为教员提供完备、精准、规范的教学蓝本。围绕现场教学中的理想信念、廉政勤政、仁爱民本等不同教学主题，编辑 5 种干部政德教育现场教学使用教学资料口袋书，向学

员全面、直观地展现现场教学内容，便于学员短期学深、长期学透。

（三）创新开发点线结合、多元融入的现场教学方式

在现场教学中采用点线结合的方式，让学员“听得进”。学院推动教学形成由传统单一讲解向全程导学与多个微课堂授课相结合的形式转化，采取由1名导学全程讲解和多名现场教员在每个教学点进行8分钟左右讲解相结合的方式，连点成线，用一系列小故事讲述大道理，让学员一路走来，透过布满历史印记的建筑，近距离观看文化遗存，寻觅历史足迹，在实景实情中领悟“修齐治平”的大智慧。同时，注意把控教学节奏和时长，既不使教学点过于集中而显得节奏过于紧张，又不使教学点间隔过长而导致教学不连贯，努力使学员全神贯注“不掉线”、紧跟教学“不掉队”，确保教学更具吸引力和感染力。

在现场教学中融入微课讲授，让学员“学得深”。对教学内容进行归纳、提炼，打造一系列小而精、专而深的政德微课，在现场教学过程中穿插讲授。比如，在孟府赐书楼前讲授《汉字与孟子为政之道》书法解析微课，在微山铁道游击队纪念园讲授《品味红色经典　牢记初心使命》红歌互动微课，在嘉祥武氏祠讲授《中华民族文化自信》汉代画像石解读微课。同时，采取互动答疑、研讨交流等形式，引导学员主动思考、深入感悟，更深层次地把握讲政德的新时代内涵。

在现场教学中融入体验观摩，让学员“悟得透”。在曲阜颜府、嘉祥大学书院等地，安排学员参与拓片制作、《论语》抄诵、活字印刷等体验项目，激活文化记忆。在邹城市大束示范区、泗水县龙湾湖示范区等山东省乡村振兴齐鲁样板省级示范片区，让学员体验制墨、制茶等传统非遗技艺，观摩以“孝善仁和”为主题的文化街区，体验乡风民俗，感受中华优秀传统文化融入基层社会治理的实践成效。

在现场教学中融入礼乐展演，让学员“记得牢”。融会地方非遗项目和传统曲目，撷取中华优秀传统文化经典故事，创作了喜闻乐见的传统礼乐剧目，比如，在曲阜孔庙现场教学中展演《观欹论道》，在邹城孟府现场教学中展演梆子戏《断机教子》，在汶上大运河南旺枢纽国家考古遗址公园现场教学中展演柳琴戏《尚书求贤》等，使学员产生情感共鸣，引导学员在体验传统礼乐文化中提高道德情操、提升政德修养。

（四）选育锤炼善讲能解、堪当重任的现场教学师资

坚持选拔与聘用相结合，确保师资优质稳定。出台《现场教学师资常态化纳新工作实施办法》，制定现场教员准入标准，每年每个教学基地都定期选拔纳新高素质现场教学教员。2023 年，学院一次性招录 10 名优秀现场教员，专职现场教员数量达到 80 余人，牢牢把握现场教学师资调配的主动权。同时，在战略合作或新开发的部分现场教学点，选聘相关领域的青年人才作为现场教学兼职教员，实现了既有专职教师为我所有又有兼职教师为我所用的良好师资配备格局。

坚持“练兵”与培训相结合，提高师资能力素质。深入实施“导学业务提升工程”，注重在常态化的集体备课、磨课竞课、“练兵比武”中，提升师资的教学能力水平和技能本领。组织师资加强政治理论、业务知识学习，每年到知名高校和外地干部学院开展专题培训，以更新思想理念、拓展专业知识、提升综合素质。不断激发师资潜能活力，鼓励师资实现对全部现场教学内容的贯通理解和讲授，努力塑造既能全程讲又能点位讲、既能组织体验又能进行礼乐展演的复合型师资。

坚持严管与激励相结合，提高师资的干劲热情。深入开展现场教学师资专业素养和教学质量考核评估，优进绌退，强化师资库动态调整管理。每年开展师资技能比武、专业竞赛，评选“十佳导学标兵”“金牌现

场教员”，营造比学赶超的浓厚氛围。对工作实绩突出的现场教学教员表彰表扬，将工作实绩与考核结果作为评先树优、职称晋升的重要依据。建立并完善由现场讲解到微课讲授再到专题课讲授的激励培养机制，不断激励现场教学师资成长成才。

（五）从严抓好标准严格、规范有序的现场教学组织

突出标准化，建立健全现场教学制度。以“山东济宁干部教育培训机构建设和管理标准化试点”入选国家第九批社会管理和公共服务综合标准化试点项目为抓手，聚焦教学安排、师资配备、培训组织、服务保障、评估考核五个方面，制定《现场教学工作标准和流程》《现场教学安排细则》《现场教学用车规范》等细致完善的现场教学标准和制度。无论是开发现场教学点、完善现场教学内容，还是选拔培养师资、组织开展现场教学，都严格按照统一的标准和制度执行，确保政德教育现场教学质量可控。

突出精细化，精准精细优化现场教学流程。围绕现场教学前准备、教学中组织实施、教学后总结提升三个阶段，制定相应细致完善的教学流程，不仅包括统一教学设备、统一教员服装、统一学员列队等，还包括教学点预约安排、行车路线和上下车地点规范、专用教学通道设置、急救防暑避寒保障等，确保政德教育现场教学安全稳妥、井然有序。

突出规范化，从严从实强化现场教学管理。实行带班跟班督导管理制度，对于承接的每个政德教育培训班，都至少选派 1 名学院负责同志带班、2 名联络员跟班、1 名督导员全程监管，在全流程做好教学培训组织和服务保障的同时，时时处处提醒、监督学员遵守教学培训纪律，既在全方位保障服务中展现孔孟之乡“彬彬有礼”的文明风貌，又在实时把控现场教学质量中从严管好学员、抓好学风。

五、山东济宁政德教育干部学院将中华优秀传统文化融入政德教育的成效

经过多年的探索实践，学院教学培训体系日益完善，品牌知名度和对外影响力不断扩大，为中央党校（国家行政学院）、中国浦东干部学院等国家级干部院校开展党性教育提供了重要阵地，拓展了干部教育培训的新领域，形成了中华优秀传统文化、革命文化、社会主义先进文化教育相辅相成的良好格局。山东济宁政德教育干部学院已成为中央党校（国家行政学院）的现场教学点、中国浦东干部学院的教学研究基地，被中组部列入省（自治区、直辖市）党性教育干部学院目录，是目录中全国唯一一处创新运用中华优秀传统文化教育培训干部、以“政德教育”为名的干部学院。

截至2024年底，学院已承接来自中央和地方各类培训班2200余期，培训学员近12万人。其中，中组部连续17次安排中央党校（国家行政学院）中青班1500余名学员来学院接受政德教育培训。“一带一路”沿线25个共建国家的300名高级公务员来学院开展了体验式培训，实地聆听“中国故事”，感受中华文化的独特魅力。学院曾荣获“山东组织工作创新奖”“山东省先进基层党组织”“山东省改革品牌”“山东省级文明单位”“山东省服务品牌”等表彰。

在成效方面，学院帮助党员干部增强了文化自信，坚定了理想信念。通过课堂教学系统解读习近平总书记关于政德建设的相关论述，在孔子研究院等现场教学点讲解习近平总书记系列重要讲话精神，对参训学员筑牢理想信念、锤炼党性具有重要作用。受访学员表示，通过参加

政德教育培训，穿越时空和历代先贤、革命先烈“对话”，更加深刻地认识到坚定理想信念、坚守共产党人精神追求是共产党人安身立命的根本；传统政德思想中的忠诚理念，对增强“四个意识”、坚定“四个自信”、做到“两个维护”具有重要意义。有的学员说：“很受触动，早该来补课。”

学院还有效传播了中华优秀传统文化，推动了文明交流。学院着眼于加强中华优秀传统文化的对外传播，加强与中国浦东干部学院、上海政法学院等合作，主要承接了斐济、越南、吉尔吉斯斯坦以及非洲、拉美地区等“一带一路”沿线 25 个国家外籍学员来济宁进行中华优秀传统文化体验式培训。学院依托孔子研究院、孔子学院总部体验基地，承接了 100 多个海外孔子学院的师生参访团和 70 多个港澳台及亚太地区文化参访团，来济宁体验中华优秀传统文化。通过培训交流，有效地传播了儒家思想，发出了孔子家乡的声音，生动展现了中华优秀传统文化的独特魅力，成为面向全球传播中华优秀传统文化的重要平台。越南司局级干部培训班学员参加了中华优秀传统文化体验式培训后，感慨地说，中华优秀传统文化博大精深，特别是儒家思想，具有鲜明的时代价值和深远的世界影响。济宁建设的这个基地（干部政德教育基地）为我们更深入地认识中国提供了很好的窗口。

学院有力带动了儒学人才集聚，促进了文化产业发展。经过这几年持续不断高强度的教学实践，培训规模从小到大，办学场所从一到多，师资队伍由弱到强，不仅培养了一批现场教员、导学等本地师资，也广泛汇集了各方面的专家人才，推动了儒学人才高地建设。政德教育在发挥教育培训功能的同时，也较好提升了曲阜、邹城、嘉祥等地的对外形象和旅游工作质量。干部政德教育现场教学讲解词已逐渐成为“三孔”“两孟”等旅游景点的导游词，增强了旅游的文化内涵，提升了文化旅游产业的整体水平。

六、以中华优秀传统文化推动政德教育工作的几点思考

尽管济宁市在开展干部政德教育工作方面取得了一定成效，但对照习近平总书记“四个讲清楚”“领导干部要讲政德”等重要论述，在推动“两创”方针落实落地上还有薄弱环节。例如理论研究不够系统，跟不上教学实践需要；教学方式不够创新，推动入脑入心还有差距；“不忘初心、牢记使命”的课程体系还不完备，需要继续丰富完善；对外交流不够，工作合力还需强化等。这就要求在下一步工作中，坚持以习近平新时代中国特色社会主义思想为指导，围绕创建国内一流干部教育培训基地的目标，进一步增强政德教育的政治性、专业性、时代性、实践性，不断提升政德教育的质量水平。

（一）以政治性、专业性、时代性、实践性为标准，推动中华优秀传统文化的创造性转化、创新性发展

政治性是第一位的，要始终坚持以习近平新时代中国特色社会主义思想为指导，始终坚持以习近平总书记关于传承和弘扬中华优秀传统文化的重要论述和“立政德，就要明大德、守公德、严私德”的重要讲话精神为统领，把“旗帜鲜明讲政治”的要求体现到现场教学内容、教学形式的方方面面，教育引导学员深刻学习领会习近平总书记系列重要讲话精神。曲阜儒家历史文化资源优势明显，要创造性地加以利用，激活用好既有的丰富资源，深化多元一体的教学体系建设，特别要深入挖掘“政德 +”特色基层党建及运用中华优秀传统文化进行基层治理方面的先进典型，创造性推进政德教育体验教学。

推进政德建设与儒学文化交流融合发展，积极打造儒学文化高地，加强儒学海内外传播弘扬，扩大曲阜在国际特别是“一带一路”共建国家的儒学话语权，积极发挥孔子文化节、尼山世界文明论坛和世界儒学大会等重要文化活动的传播交流作用，强化干部政德建设与儒学文化交流传播的统筹规划和协调发展。积极发挥孔子研究院等儒学研究机构的文化滋养和协同作用，提升大型情景剧《孔子》、大型礼乐剧《金声玉振》、大型实景剧《诗经演艺》、大型组合剧《儒风雅韵》等优秀剧目的质量水平，建立健全儒学文化剧目项目库，创造性发挥礼乐教学的教化功能，助力政德建设提升工程。

（二）以干部培训发展和学员需求为导向，推动政德教育工作规范化、科学化发展

政德教育要进一步优化方案设计，加强调研，针对不同层次、行业、领域党员干部的差别化培训需求，开发相应的教学路线，强化精准培训。比如，针对党政干部、企业干部等培训对象的不同情况和不同需求，积极探索推进模块化教学，逐步形成一个大体系和多个小方案的“1大N小”模式，针对学员的实际情况，确定不同的教学方案，让不同层次的干部都能学得进去、学有所获。同时，紧扣干部需求，开发一批政德教育辅助教材。着眼于拓展和延伸干部政德教育培训效果，紧扣中央精神和干部教育培训需求，利用中华优秀传统文化、革命文化和社会主义先进文化等，突出初心、使命，加快政德教育辅助教材的编撰出版工作。

要完善干部教育相关标准，围绕政德教育运用的课堂教学、现场教学、体验教学、礼乐教学等多元一体的教学模式，建立起与管理、服务职能相适应的内容完整、结构优化、程序规范的服务标准体系，并形成济宁干部政德教育培训服务标准的有效运行机制和监督评价机制，实现培训班次一体统筹、精品线路一体打造、特色课程一体开发、优秀师资一体培育、信息数据一体共享、宣传推介一体开展、管理服务一体规范，逐步形成学院及各现场教学基地一体化、标准化的成熟运作模式，为推动政德教育工作高质量发展提供有力支撑。推进政德教育标准体系建设，不断增强干部政德教育工作的政治性、专业性、时代性、实践性，进一步提高政德教育品牌影响力，打造全国干部党性教育特色基地标准示范样板，并通过系统总结工作经验，争取主导制定一批政德教育领域的地方标准，为全国、全省干部教育培训工作提供具有较高参考价值的标准化工作成果。

（三）以“四个讲清楚”为目标，拓展教学模式，创新教学形式，丰富教学内容

要立足实际效果，进一步优化设计政德教育教学模式。不断创新教学理念，丰富教学形式，采用灵活多样的方式，向干部传播政德思想，以求做到寓教于乐、润物无声。要进一步用好现代科技，把中华优秀传统文化与现代科技结合起来，将现代信息化科技手段运用于政德教育工作中，延伸、拓展、丰富教学手段，运用 VR 技术、移动端平台、数字媒体等现代科技成果辅助教学，更加直观地展示中华优秀传统文化，更加生动地向干部传授政德知识、政德理念。

要进一步创新教学形式。在持续完善现有多元一体教学体系的基础上，打破思维定式，不断创新教学理念，摆脱路径依赖，紧密联系学员的思想、工作实际，紧密联系社会热点问题，增加互动式、案例式、情景式教学。按照“不忘初心、牢记使命”主题教育的要求，丰富政德养成、政德实践课程，不断完善培训内容体系，增强政德教育的吸引力。

要围绕“不忘初心、牢记使命”，完善课程内容。要继续深挖传统政

德思想中的“初心”“为民”理念，打造“共产党员初心与儒家文化”等一系列针对性强的专题课，教育引导领导干部增强宗旨意识，经常从思想上回归原点、重温初心使命。结合新发展理念，进一步开发打造“中华优秀传统文化与生态理念”“中华优秀传统文化中的‘创新’理念”等精品课程，让学员更深刻地领略中华优秀传统文化的魅力。在精品化、系统化、特色化上狠下功夫，根据教学内容、培训对象和培训时间长短，完善设计传统与现代相结合、符合新时代干部需求的课程体系。围绕入情入理、入脑入心的目标，提升现场教学质效。深化对曲阜“三孔”、邹城“两孟”等中华优秀传统文化资源的挖掘和阐发，创新阐述儒家思想中的仁爱、仁政、民本思想，多用文化故事阐释道德义理，多用社会现象论证其当代价值，使现场教学内容更加贴近生活、贴近现实，真正让学员听得进、想得通、悟得透。继续加强对当地革命文化的研究，将情景再现、见证人回忆讲述故事等纳入现场教学，拉近历史与现实的距离，增强政德教育的感染力和互动性。

第六章 中华优秀传统文化融入政德教育的现实逻辑

自党的十八大胜利召开以来，习近平总书记高瞻远瞩，发表了一系列关于传承和弘扬中华优秀传统文化的重要讲话。这些讲话不仅是对中华民族悠久历史与灿烂文化的深刻回望，更是对中华优秀传统文化在当代社会历史定位的精准把握。这些讲话不仅深刻揭示了中华优秀传统文化的内涵，还系统全面地阐述了其在新时代背景下的独特价值。党的二十大报告指出：“中华优秀传统文化源远流长、博大精深，是中华文明的智慧结晶，其中蕴含的天下为公、民为邦本、为政以德、革故鼎新、任人唯贤、天人合一、自强不息、厚德载物、讲信修睦、亲仁善邻等，是中国人民在长期生产生活中积累的宇宙观、天下观、社会观、道德观的重要体现，同科学社会主义价值观主张具有高度契合性。”习近平总书记认为，“中华优秀传统文化是中华文明的智慧结晶和精华所在，是中华民族的根和魂，是我们在世界文化激荡中站稳脚跟的根基”。而《关于实施中华优秀传统文化传承发展工程的意见》的印发，深刻体现了党中央对中华优秀传统文化的高度重视和高度自信。习近平总书记的重要讲话，

字里行间洋溢着中国古代哲人深邃的文化哲理与深切的人文关怀，如同璀璨星辰，照亮了发展理念革新的道路，也滋养了价值观塑造的土壤。在这一过程中，这些古老而深刻的智慧与情怀被赋予新的活力与使命。文化是不可或缺的教化工具，具有塑造人心、启迪智慧、培养品德的作用，是推动社会进步与文明发展的强大力量。

中华优秀传统文化犹如一座宝库，其中蕴藏的党性教育资源非常丰富，为新时代政德教育提供了源源不断的精神滋养。习近平总书记率先垂范，为党员领导干部在新时代背景下如何增进政治智慧、提升治国理政能力，指明了一条清晰而重要的路径。我们要从中华优秀传统文化中汲取智慧，深挖古人留下的宝贵经验与深刻训诫。这些“宝藏”不仅是历史的见证，更是新时代政德教育不可或缺的宝贵资源。

一、中华优秀传统文化融入政德教育的必要性

新时代将中华优秀传统文化融入政德教育，不仅是传承文化根脉、弘扬民族精神的必然要求，更是提升干部素养、强化政德建设的重要途径。

（一）新时代的新需要

新时代将中华优秀传统文化融入政德教育，不仅是增强领导干部文化自信乃至整个社会文化自信的需要，更是加强干部教育的应有之义。

1. 新时代增强文化自信的需要

“领导干部要不忘初心、坚守正道，必须坚定文化自信。没有中华优秀传统文化、革命文化、社会主义先进文化的底蕴和滋养，信仰信念就难以深沉而执着。党员、干部要不断提升人文素养和精神境界，去庸俗、远低俗、不媚俗，做到修身慎行、怀德自重、清廉自守，永葆共产党人

政治本色。”中华优秀传统文化是中华民族的精神命脉和文化根基，将其融入政德教育，有助于增强领导干部对民族文化的认同感和自豪感，进而提升整个民族的文化自信。这种文化自信将激励领导干部更加积极地传承和弘扬中华文化，推动中华文化的繁荣发展。

领导干部接受政德教育，可以加深对中华优秀传统文化经典著作（如《论语》《道德经》《诗经》等）的理解。这些经典作品中蕴含着丰富的思想和智慧，能够让人们深刻感受到中华文化的博大精深，了解中国历史的发展脉络，特别是文化发展的历程，从而有助于理解文化演变的内在逻辑和规律，更加坚定对中华文化的信心。领导干部可以通过欣赏书法、绘画、音乐、舞蹈等，提升自己的文化素养和审美情趣，更加深入地理解和欣赏中华文化的独特魅力。

新时代的领导干部肩负着引领风尚、凝聚力量的重要使命，因此必须率先垂范，不仅要在内心坚定文化自信，更要在实践中增强文化自信。我们要深植文化之根，厚植文化土壤，确保自身具备深厚的文化底蕴与坚定的文化自信，让自身成为行走的“文化名片”，自带吸引力与感召力，即所谓“文化流量”。在日常工作与生活中，我们要通过自身的一言一行，在潜移默化中向广大群众传递文化的力量，激发他们对中华优秀传统文化的认同感与自豪感，引导他们逐步树立并增强文化自信。

2. 新时代干部教育的要求

从政策层面看，党中央高度重视中华优秀传统文化的传承与发扬，明确要求领导干部学习中华优秀传统文化，并将中华优秀传统文化纳入干部教育培训的必修课程。2014 年，中组部印发《关于在干部教育培训中加强理想信念和道德品行教育的通知》，强调深入开展中华优秀传统文化教育，引导干部继承和弘扬传统美德。2015 年印发的《干部教育培训

工作条例》提出了与时俱进、改革创新的干部教育培训原则。将中华优秀传统文化理论知识和实践经验纳入常规干部教育培训中，既是对干部教育内容的创新，也是对融通古今讲好中国故事的模式探索。2017年初，中央办公厅和国务院办公厅联合印发《关于实施中华优秀传统文化传承发展工程的意见》，提出将中华优秀传统文化贯穿国民教育始终。2023年9月，中共中央印发了修订后的《干部教育培训工作条例》，10月印发了《全国干部教育培训规划（2023—2027年）》，首次将中华优秀传统文化教育、政德教育纳入干部教育培训的内容中。

作为持续深化专业知识、拓宽视野的重要阵地与掌握新时代治国理政新理念、新方略的关键途径，干部教育培训工作不仅承载着促进个人能力提升的使命，还直接关系着国家治理体系和治理能力现代化的路径探索与实践深化。

深入学习与汲取中华优秀传统文化智慧，不仅是积极响应并深刻贯彻党中央关于传承发展中华优秀传统文化相关指导意见的生动实践，更是针对当前部分领导干部在中华优秀传统文化知识领域存在短板这一问题，实施的一项精准有效的弥补与强化措施。

（二）中华优秀传统文化融入政德教育的价值分析

在党的十九大上，党中央明确宣示中国特色社会主义已经迈入了新时代。这一时代变革不仅标志着国家发展的新起点，也预示着中华优秀传统文化的传承发展迎来了前所未有的新机遇、新挑战。不可否认的是，当前的干部教育培训体系在课程设置上广泛涵盖了党性教育、经济形势分析等关键领域，但在融入中华优秀传统文化方面显得相对薄弱，未能充分展现其深厚底蕴与时代价值。领导干部深入学习和领悟中华优秀传统文化，不仅有利于开阔视野、提升修养，还有利于精准定位我国在新时代的历史坐标，深刻领悟新时代中国共产党所肩负的历史重任与使命担当。此外，他们还可以从中汲取前人智慧，为当前及未来社会发展中的复杂问题与挑战，如环境保护、高质量发展等，提供独特的解决视角和创新思路。中华优秀传统文化融入政德教育主要有以下几点作用。

1. 有利于建设高素质干部队伍

中华优秀传统文化深度融入政德教育课程体系，不仅是构建完善干部教育培训体系的一项重要内容，更是新时代背景下，建设高素质干部队伍不可或缺的基石。干部教育培训工作，作为一项集基础性、系统性与战略性于一体的宏大工程，在新时代浪潮中承载着培养担当民族复兴大任的领导干部队伍的重任。

中华优秀传统文化是新时代治国理政不可或缺的宝贵资源，具有深邃广博、意蕴深远、层次丰富的内涵，在塑造符合新时代标准的世界观、人生观、价值观方面，发挥着不可替代的重要作用。中华优秀传统文化有利于滋养领导干部的心田，培育浩然正气，铸就崇高人格。

2. 有利于提升领导干部的修养

习近平总书记在中央党校建校 80 周年庆祝大会暨 2013 年春季学期开学典礼上的讲话中强调，“学史可以看成败、鉴得失、知兴替；学诗可以情飞扬、志高昂、人灵秀；学伦理可以知廉耻、懂荣辱、辨是非”。他对领导干部深入学习中华优秀传统文化的重要性作出的精准阐述深刻揭示了这一学习的价值所在。

领导干部在新时代征程中，要以更加坚定的文化自信服务人民、引领发展。在这个全新的时代起点上，每一位领导干部都肩负着承前启后、继往开来的历史使命。对于领导干部群体而言，深厚的传统文化修养不仅深刻体现了修身齐家治国平天下的内在道德追求，还有利于个人道德

修养与品质的不断提升，以及在职业生涯中持续成长、稳健进步。

加强传统文化修养是领导干部人格修炼与自我完善的迫切需求。《大学》有云："自天子以至于庶人，壹是皆以修身为本。"中华优秀传统文化蕴藏着无数关于修身立德的经典故事与箴言警句。如："与人不求备，检身若不及"，这是倡导以宽容之心待人、以严苛之态自律的美德；"从善如登，从恶如崩"，简短八字，却力透纸背，既指出了向善之路的艰难，也警示人们恶行易滋长；"罪莫大于可欲，祸莫大于不知足，咎莫大于欲得。故知足之足，常足矣"，深刻揭示了知足常乐、适可而止的人生智慧。这些源自古代先贤的修身智慧，如同穿越时空的灯塔，为当今领导干部修身齐家治国平天下指明了路径。

加强传统文化修养是领导干部实际工作的需要。从"为国不可以生事，亦不可以畏事"这一古训中，我们深刻领悟到规矩意识与责任担当并重——既要勇于承担，敢于面对挑战，又要心存敬畏，行事谨慎。"安而不忘危，存而不忘亡，治而不忘乱"这句警世恒言，则像一面明镜，映照出时刻保持危机意识的必要性。"功崇惟志，业广惟勤"这八字箴言，深刻揭示了成功与勤奋、志向与成就的紧密联系——只有立下坚定的志向，才能明确方向，勇往直前，只有坚持不懈地努力，才能积小胜为大胜，最终实现宏伟的目标。这些流传千古的箴言警句，至今仍闪耀着指引我们前行的光芒。

加强传统文化修养是领导干部和谐生活的需要。传统文化经典中蕴含的生活智慧如同璀璨星辰，熠熠生辉。"奢靡之始，危亡之渐也"告诫我们应当时刻保持清醒，远离奢靡享受的诱惑。"知止而后有定，定而后能静，静而后能安，安而后能虑，虑而后能得"启示我们，在生活中唯有保持内心的宁静与安定，方能深思熟虑后游刃有余地应对各种情况。

“廉不言贫，勤不道苦”鼓励我们应以勤劳为本，即便身处贫寒之境，也要坚守廉洁之志。

3. 有利于强化领导干部在传承发展中华优秀传统文化方面的引领和示范作用

领导干部能够带动更广泛的群体与领域，推进中华优秀传统文化的创造性转化与创新性发展。这不仅体现在理论层面的探索上，更需付诸实践，以实际行动展现中华优秀传统文化的现代价值。在党政机关内部，领导干部是推动文化建设的重要力量，在引领风尚、塑造正气方面发挥着重要作用。同时，这种影响力将辐射至全社会，激励广大人民群众共同参与到中华优秀传统文化的传承中来，从而形成上下一心、全民参与的良好局面。

（三）推进中华优秀传统文化的传承

传承中华优秀传统文化，作为新时代文化发展的重要任务，其重要性不言而喻。唯有扎实传承并创新发展这一文化瑰宝，方能确保国家和民族的文化实力稳步提升。将中华优秀传统文化融入政德教育，是一种创新而有效的策略。具体而言，就是提炼其中的精髓作为政德教育的独特资源，旨在使领导干部在学习过程中深切体验文化魅力，接受文化熏陶，进而增强传承中华优秀传统文化的意识与能力，积极参与文化传承活动，成为促进文化传承的先锋。此教育过程意义深远，不仅有利于促使领导干部自身成为文化的传承者，还有利于激发公众的参与热情，共同推动中华优秀传统文化的传承。

1. 认识中华优秀传统文化的价值与意义

领导干部应深刻理解中华优秀传统文化的非凡价值与深远影响。作为中华民族悠久历史的瑰宝，中华优秀传统文化汇聚了哲学思辨、道德伦

理、文学艺术及科技发明等诸多方面内容。传承中华优秀传统文化不仅能增强文化自信，还能为当代社会发展提供思想养料与精神活力。

2. 发挥示范引领作用

领导干部应率先垂范，成为传承中华优秀传统文化的典范。他们投身书法、国画、诗词创作、戏曲鉴赏等文化活动，不仅有利于彰显自己对中华优秀传统文化的热爱，还有利于加强社会各界对传统文化的关注。此外，领导干部还应将中华优秀传统文化中的诚信、仁爱、和谐等观念，融入日常管理与决策中，以此营造廉洁高效的政治氛围与和谐共生的社会环境。

3. 推动文化创新融合

传承绝不是对过往的简单复制粘贴，本质上要求我们在继承深厚文化底蕴的基础上，勇于探索，积极创新，实现文化的繁荣发展。因此，领导干部应扮演引领者的角色，不仅要鼓励和支持文化创新活动，更要积极推动中华优秀传统文化与现代科技的深度融合实践，比如巧妙运用数字技术和网络平台，让中华优秀传统文化以更加鲜活、巧妙的形式融入人们的日常生活，使之焕发新的生机与活力。此外，为了促进文化的多元发展，还应加强中华优秀传统文化与其他文化的交流互鉴，广泛吸收借鉴世界范围内的优秀文化成果，拓展其表现形式。

4. 加强文化教育普及

教育是文化传承不可或缺的桥梁，尤需领导干部的深切关注与积极推动。国家应将中华优秀传统文化教育视为国民教育体系中的重要一环，着力在青少年群体中传播中华优秀传统文化，激发他们的认同感与兴趣。我们应通过精心设计的传统文化课程、深入浅出的文化讲座以及丰富多彩的文化体验活动等，让青少年在无形中浸润于传统文化中，从而逐步成长为传承与弘扬中华优秀传统文化的中坚力量。

5. 构建文化保护机制

中华优秀传统文化的传承亟须有效的保护机制。领导干部应担当核心角色，主导构建全面的文化保护体系，加强对文化遗产的抢救、保护及合理利用。具体而言，需重视非物质文化的传承，加大对非物质文化遗产传承人的支持力度，完善相关法律法规体系，以严厉措施遏制任何破坏行为。此外，还应积极探索文化遗产的创新利用路径，以充分发挥其在现代社会中的独特价值。

二、中华优秀传统文化融入政德教育的基本原则

为有效将中华优秀传统文化融入政德教育，在具体实践中需遵循以下几个原则：一是在思想上，坚持马克思主义的指导地位不动摇；二是在实践中，推动创造性转化与创新性发展走深走实；三是在融合中，贯彻融会贯通的原则；四是坚持理论性与实践性的统一 ；五是坚持显性教育与隐性教育相统一。

（一）在思想上，坚持马克思主义的指导地位不动摇

近年来，传统文化研究蔚然成风。在探讨中华优秀传统文化融入政德教育时，一个核心议题跃然纸上，即如何处理中华优秀传统文化与马克思主义的关系。习近平总书记对此有精辟论述："中国共产党人是马克思主义者，坚持马克思主义的科学学说，坚持和发展中国特色社会主义，但中国共产党人不是历史虚无主义者，也不是文化虚无主义者。……中国共产党人始终是中国优秀传统文化的忠实继承者和弘扬者。"这表明，马克思主义在中国的发展需植根本土，吸收中华文化精髓，焕发独特光彩。而中华优秀传统文化的传承与弘扬亦要在马克思主义的指导下进行，避

免盲目夸大或片面否定。因此，推进马克思主义中国化，是将其与国情紧密结合、不断发展和完善的过程，旨在形成具有中国特色的理论体系。在此背景下，将中华优秀传统文化融入政德教育，首要坚持的便是马克思主义的指导原则。

（二）在实践中，推动创造性转化与创新性发展走深走实

中华传统文化内涵丰富，其中一些理念跨越时代，历经数千年沉淀，对当今社会发展仍具深远意义。例如，孔子因材施教的教育思想，强调个性化教学，尊重个体差异，促进学生全面发展，其价值历久弥新。然而，并非所有传统文化都符合当今社会发展需要，要在坚持基本精神的基础上进行创造性转化、创新性发展。正如党的十九大报告所讲，“坚持创造性转化、创新性发展，不断铸就中华文化新辉煌”。因此，将中华优秀传统文化融入政德教育，不仅是文化传承，更是内涵的拓展与深化。一方面，应坚持古为今用，实现创造性转化。如传统政德中的“忠”，已由封建君臣之忠转化为对国家、人民及社会主义事业的忠诚。另一方面，需甄别传统文化，对已不合时宜的内容，需进行创新性发展。如“礼”原为等级制度的象征，现在为现代社会的交往礼仪与文明表现。

（三）在融合中，贯彻融会贯通的原则

在将中华优秀传统文化融入政德教育的过程中，应避免保守封闭，应秉持开放包容的态度，广泛吸收人类文明的优秀成果。正如习近平总书记所言：“对人类社会创造的各种文明，我们都应该采取学习借鉴的态度，把跨越时空、超越国度、富有永恒魅力、具有当代价值的优秀文化精神弘扬起来。”尽管中外文化存在差异，但在推崇诚信、向往美好生活向往等方面却展现出共性。学习中华优秀传统文化，并不意味着排斥外来事物或全盘否定西方文化。相反，我们应当深入分析西方文化受欢迎的原因，敏锐捕捉其传播成功的要素，以此为借鉴，促进中华优秀传统文化的创造性转化和创新性发展。

领导干部在面对外来文化时，应采取理性审慎的态度，既不全盘接受，也不一概否定，而是学会甄别其精华与糟粕，有选择性地吸收利用。政德教育的一个重要目标就是塑造领导干部的高尚人格，提升其道德素养。为此，应坚持融会贯通的原则，形成全面、系统的理解体系，从而使领导干部能够更好地服务于人民，实现个人品德与执政能力的双重提升。

（四）坚持理论性与实践性的统一

中华优秀传统文化融入政德教育，关键在于实现理论性与实践性的深度融合。实践乃理论之源泉，更是真理之试金石，理论与实践相辅相成。

将中华优秀传统文化融入政德教育，不仅是马克思主义中国化与传统文化观理论发展的自然延伸，也是中国特色社会主义文化持续繁荣的现实需求，更是提升政德教育质量、培育高素质干部队伍的必然要求。在此认识基础上，审视这一过程，我们发现中华优秀传统文化根植于中华民族数千年的深厚土壤，拥有独特的理论体系与实践基础。故而，在融入进程中，首要之务乃以马克思主义为指导，精心挑选与时代同频共振、助力干部成长的文化精髓；同时，根植实践沃土，深化文以载道、文以铸魂、以文化人、以文育人的实践理念，充分发挥其在推动社会前进中的作用。唯有如此，才能通过实践深化理论内涵，驱动理论创新；同时，理论指导下的实践充分展现了中华优秀传统文化的优势，积累了经验，丰富了实践成果。这种理论与实践的高度融合不仅促进了二者的协同发展，还催生了强大的发展动能与创造力，为中华优秀传统文化的传承创新开辟了广阔天地，创造了新高度。

（五）坚持显性教育与隐性教育相统一

在将中华优秀传统文化融入政德教育的过程中，要注重显性教育与隐性教育的有机结合。此举旨在提升教育实效，助力培养符合新时代要求的高素质干部。为实现这一目标，教育方式需兼顾教育效果与干部接受度。显性教育即采用直接、直观、有计划、有步骤的方式，如增设相关课程，明确教育目标、计划与实施规范，确保高效显著的教育成果。山东济宁政德教育干部学院在此方面已有成功实践，但其局限性也日益显现：面对干部学习需求的复杂化、社会环境的多元化及教育方式的现代化，单一的显性教育难以持续激发干部兴趣，教育效果受限。

鉴于此，将隐性教育作为补充策略，显得尤为重要。隐性教育即利用含蓄、隐蔽的形式，将中华优秀传统文化内容融入日常活动与环境中，于无形中触动干部的思想与心灵，促使其自发内化中华优秀传统文化的精髓。此方式避免了直接教授的情感抵触，营造了宽松的学习氛围，教育效果更为持久且深刻。然而，隐性教育亦有其弊端，如耗时较长，需教育者深度投入，依赖特定的空间与载体，效果难以及时量化，等等。因此，在融合过程中，应统筹显性教育与隐性教育两种方式，实现优势互补。在利用显性教育方式时，应持续优化课堂教学，提升正面教育效果；在利用隐性教育方式时，应积极探索多样化、有影响力的实践方式，确保教育内容的有效传递与内化。

三、中华优秀传统文化融入政德教育的实现路径

（一）注重自我学习

中华优秀传统文化融入政德教育是提升干部道德素养的重要途径。其中，首要途径就是领导干部主动学习，深入学习中华优秀传统文化并

内化于心、外化于行。这种学习主要通过领导干部自学的方式进行：一方面，领导干部应积极研习中华优秀传统文化经典文献，深刻领会并内化其中的思想精髓，实现学而知之，以理论指导实践。另一方面，领导干部还应善于从历史政德典范人物身上汲取宝贵经验，感悟其道德力量的深远影响，力求在实践中见贤思齐，实现自我提升与超越。

1. 研习中华优秀传统文化典籍

领导干部需广泛涉猎中华优秀传统文化典籍，精研经典文献。在浙江工作时，习近平同志强调："要修炼道德操守，提升从政道德境界，最好的途径就是加强学习，读书修德，并知行合一，付诸实践。"中华民族历经数千年积淀，形成了重视学习、积累知识与经验的优良传统，经典文献中更是蕴含着大量的修身立德智慧，如"见贤思齐""吾日三省吾身"等。领导干部可以从中汲取有关道德修养的启示与借鉴。

领导干部应当以学为先，广泛涉猎经典文献，将传统政德品质融于血脉，践于言行，以此为镜，映照并校准自己的从政之路。学习之路，路远迢迢，领导干部务必持续汲取中华优秀传统文化之养分，涵养崇高品质，形成高尚道德风范。这一过程不仅是对中华优秀传统文化的传承，更是对领导干部政德建设的有力推动。学习经典文献时要注意两点，一是要将其与马克思主义及党的先进理论紧密结合，树立正确的世界观、人生观、价值观，确保学习方向不偏离；二是要将理论学习与已掌握的知识等相结合，全面提升专业素养和综合能力，力求成长为高素质的领导干部。

2. 学习政德典范人物

古代政德典范人物犹如道德星河中的璀璨星辰，亦是今天领导干部锤炼政德的珍贵镜鉴。如陶渊明"不为五斗米折腰"的傲骨铮铮，于谦

"清风两袖朝天去"及郑板桥"衙斋卧听萧萧竹，疑是民间疾苦声"的清廉爱民，海瑞力除贪腐、守廉不渝与包拯面如铁石、无私执法的公正严明，还有齐桓公不拘一格、唯才是举及信陵君门客三千、广开才路的尊贤尚能……这些事迹无不映照着修身立德、廉洁奉公、求贤若渴、明察秋毫等崇高风范。学习这些政德典范人物不仅有利于推动社会道德进步，亦有利于推动领导干部政德建设。这些人物的先进事迹对广大领导干部具有深刻的启示意义和学习价值。因此，无论领导干部还是平民百姓，皆应踊跃效仿这些政德楷模，汲取他们的智慧，共同推动社会进步。

领导干部以优秀政德人物为榜样，不仅有利于以身作则，在无形中为全社会树立典范，还能引领风尚，促使社会形成崇尚美德、追求卓越的良好氛围。领导干部应主动深入研习政德典范人物的事迹，学习其优秀品格，并将其作为自身言行的指南。比如，习近平总书记曾说："学习焦裕禄，就要学习他勤政为民、艰苦奋斗的创业精神；学习牛玉儒，就要学习他廉洁奉公、清正无私的革命本色；学习郑九万，就要学习他'心里装着群众，凡事想着群众，工作依靠群众，一切为了群众'的为民情怀。"

3. 学习要有科学的态度

面对博大精深的中华优秀传统文化，各级领导干部应牢记有效学习、合理掌握与运用的艰巨使命，要紧抓学习与运用两大关键环节，并将二者有机融合。

一是要刻苦学习。习近平总书记指出："各种文史知识，中国优秀传统文化，领导干部也要学习，以学益智，以学修身。"《中庸》："博学之，审问之，慎思之，明辨之，笃行之。"习近平总书记以其对中华优秀传统文化的广泛兴趣和深厚底蕴，为大家树立了典范。他博览群书，深谙中华优秀传统文化经典之精髓，在其著述或演讲等中，巧妙地融入了大量跨越千年的历史典故等，内容广泛，涉及政治、哲学、文学等多个领域，展现了其对中华优秀传统文化传承的高度自觉与卓越贡献。

二是要科学借鉴。习近平总书记指出，“对历史文化特别是先人传承下来的价值理念和道德规范，要坚持古为今用、推陈出新，有鉴别地加以对待，有扬弃地予以继承。……努力用中华民族创造的一切精神财富来以文化人、以文育人”。习近平总书记引用古文时，从不简单照搬，而是紧密结合实际，深刻阐释现实问题。例如，他引用“邯郸学步，失其故行”，旨在强调过去不能搞全盘苏化，现在也不能搞全盘西化或者其他什么化，而应推动马克思主义中国化，发展中国特色社会主义。再如，他借“祸兮福之所倚，福兮祸之所伏”，揭示海外利益增长与安全风险并存的辩证关系。这些引用均彰显了领导干部运用中华优秀传统文化时应有的科学态度与正确方法。

（二）组织教育培养

中国共产党肩负着实现中华民族复兴的伟大使命，要矢志不渝地强化自身建设。自党的十八大以来，习近平总书记多次重申，各级干部都要树立和发扬“三严三实”作风，既严以修身、严以用权、严以律己，又谋事要实、创业要实、做人要实。鉴于此，更有必要将中华优秀传统文化融入领导干部政德建设，通过加强政德修养，有效提升领导干部的政德水平。中华优秀传统文化不仅是加强领导干部政德教育的宝贵财富，其在新形势下的运用更是党性教育不可或缺的一部分。尤其是在中国特色社会主义建设的关键时期，面对社会发展的新挑战，中华优秀传统文化在融入政德教育的过程中，必须与时俱进，不断创新和完善。

实现政德教育的层次化构建。应避免统一模式的政德教育，以免削

弱其教育价值与成效。层次化策略应基于详尽的调研，针对不同岗位层级、职责范畴及个性化需求的学员，量身定制教育方案。此举在于精准识别学员间的差异性，践行因材施教的原则，确保领导干部获得个性化的政德教育。这样不仅能全面提升领导干部的道德素质等，更有利于保证、提升教育培训质量。

革新政德培育路径与策略。鉴于科技发展日新月异，构建先进、科学的培训体系愈显重要。为跳出传统的教学框架，我们需与时俱进，在领导干部政德教育中融入更多元、灵活的教育模式。具体而言，可实施互动式研讨教学，深化教师与学员、学员与学员间的思想碰撞与交流，从而促进学员积极对教育内容自主思考、深度探索，进而实现对教育内容的深刻理解与掌握。此外，还可以运用模拟式教学和体验式教学。模拟式教学即通过模拟不同社会场景的方式，让领导干部亲身体验并扮演多样角色。此举不仅有利于增进对他人角色的认同与理解，还有利于提升其为人民服务的实践能力和服务意识。体验式教学即鼓励学员走出课堂，通过实地考察与研究，将学习内容与实际工作紧密结合。此方式不仅缩短了理论与实践的距离，还能激发学员的真实情感，有利于知识与实践的深度融合。另外，还应充分考虑个体差异，为每位学员量身定制教育方案，以最大程度保证教育效果。综上所述，多元化的教育方式对全面提升领导干部的政德素养具有显著优势。

教育内容应紧密贴合现实，力求与时代同步。将中华优秀传统文化融入干部政德教育，关键在于深挖中华优秀传统文化，并巧妙融合现代元素，使之与现实世界无缝对接，确保教学内容与时偕行。针对国内外新形势，应注重平衡理论与实践，聚焦现实热点，不断深化课程内容，匠心锻造精品课程，以激发学员兴趣，着力提升领导干部解决具体问题的能力。为此，需不断提升教育内容的时效性和吸引力，紧跟社会发展步伐，确保政德教育始终与时代同频共振。

加强政德教育师资队伍建设。为了确保政德教育获得令人满意的成效，要构建起一支与教学相匹配、拥有高素质的师资队伍。特别是传统政德精髓的阐释与传播方面，对教师的专业性提出了更高的要求，唯有那些具备深厚专业功底且兼具高尚思想道德品质的人才，方能胜任这一重任，方能有效推动教育工作的深入开展。鉴于此，加强政德教育师资队伍建设成为当务之急。干部教育学院应承担起制定详尽政德教育师资培养计划的重任，广泛汇聚社会各界的优质资源，高效整合现有师资力量，并持续加大对师资队伍的培养与投入力度，培养出更多能够胜任政德教育工作的优秀教师，为提升领导干部的政德素养奠定坚实基础。

完善教育长效机制。为持续深化政德教育成效，我们必须将政德教育的制度建设视为一项重要工作。这意味着，我们不仅要建立健全政德教育的制度体系，还要在实践中不断进行优化完善，确保每一个环节都紧密相扣、科学合理。具体而言，就是通过制度化的方式，将政德教育巧妙融入领导干部的考评机制、教育流程以及日常管理等多个方面，形成全方位、多层次的政德教育体系，让政德教育成为领导干部职业生涯中不可或缺的一部分，引领他们在实践中不断锤炼品德、提升境界。

在这方面，济宁市根植于中华优秀传统文化的沃土，在政德教育领域深耕细作，取得了一定成绩。该市把“弘扬优秀传统文化，涵养干部为政之德”作为主线，勇于创新实践，精心打造了具有鲜明地方特色的政德教育基地，成立了山东济宁政德教育干部学院，为培养高素质、高品德的领导干部队伍奠定了坚实基础。

在师资力量的构建上，得益于山东省政府颁布并实施的一系列积极

政策，济宁市成功汇聚了一支由儒学研究领域的杰出学者构成的精英团队，其中不乏儒学研究泰斗安乐哲教授、清华大学国学研究院院长陈来教授，以及武汉大学国学研究院院长郭齐勇教授等业界权威。此外，山东济宁政德教育干部学院更是精心谋划，整合了北京大学、中共中央党校（国家行政学院）、中央民族大学、山东大学、中共山东省委党校（山东行政学院）、曲阜师范大学等全国范围内的多所知名学府及研究机构的儒学专家与学者资源，为提升专题课程质量提供坚实后盾。为了深化教学内涵，学院还组织编写了《习近平总书记关于传承和弘扬中华优秀传统文化的重要论述》《中华优秀传统文化中的治国理政思想》《中国儒学简史》等一系列高质量教材。这些教材内容丰富，论述深刻，为学员提供了宝贵的学习资料。在此基础上，学院致力于教学模式的创新与多元化发展，构建起涵盖课堂教学（旨在传授理论知识）、现场教学（旨在实地体验文化魅力）、体验教学（旨在亲身体会儒家精神）、礼乐教学（旨在陶冶性情、传承礼仪等）等的多维度、全方位的教学体系。学员们可根据个人学习需求及培训班次的特点，灵活选择适合自己的课程形式。这种个性化的教学安排极大地满足了不同背景、不同层次学员的多元化学习需求，确保了培训效果的最大化。

在课堂教学领域，山东济宁干部政德教育学院创新教学方式，在专题课程之外，采用案例式教学与互动式教学，极大地丰富了教学形式，提升了教学效果。具体而言，学院汇聚了各领域精英教师，精心设计了三大板块的专题课程：一是优秀传统文化概述课，全面梳理中华优秀传统文化的脉络，尤其是儒家思想的精髓，旨在帮助学员宏观把握儒家思想的核心大意、历史传承及应用价值。二是经典解读课程，通过深入剖析《论语》《大学》《孟子》等儒家经典著作，细致阐释礼义廉耻、仁政、忠信等儒家思想内容，使学员能够有所领悟并受到启迪。三是党性教育课程，紧跟时代步伐，讲授《党的二十大精神解读》《中国共产党纪律处分条例》等，加强学员的党性修养。

在现场教学层面，学院充分利用济宁地区丰富的儒家文化资源，以儒家“修身、齐家、治国、平天下”的思想为引领，依托曲阜“三孔”、邹城孟府与孟庙、嘉祥曾庙与武氏祠以及孔子研究院等文化资源，精心布局了30多个现场教学点，实现了情境教学的精准对接。这些教学点通过实物展示、历史场景再现等手段，生动展现了儒家的廉政、孝道、仁政等思想。例如，在曲阜“三孔”，不仅通过孔府内宅戒贪图警戒学员要廉政，还借助重光门传递家风家教的重要性，于杏坛探讨学习之道；在周公庙，则利用金人铭碑讲述周公的为官之道；邹城的孟府与孟庙则成为古代为官智慧与仁政思想的活教材；在孔子研究院，则聚焦习近平总书记的重要讲话精神，深化理论学习。此外，济宁市还不断开拓创新，新增设了孔子大学堂孔子像（探讨儒家文化起源）、汶上文庙孔子宰中都（研究孔子为政思想及社会治理方略）等现场教学点，进一步拓展了教学实践的广度与深度，为政德教育注入了新的活力与内涵。

在体验教学方面，学院巧妙地将儒家思想精髓融入社会治理的实践教学，精心在曲阜市、邹城市、泗水县等文化底蕴深厚的地区布局了10多个“中华优秀传统文化传承体验村居”教学基地。这些教学点中，尤以曲阜市与邹城市的两处最为成熟且特色鲜明。它们各自围绕不同的儒家文化主题展开，如曲阜市的书院街道书院村，聚焦于和谐理念的生动传承与体验，而姚村镇姚庄村则是礼乐文化沉浸式学习的典范；邹城市石墙镇上九山村深耕诚信文化的教育活动，香城镇北齐村则主打孝道文化的传承与弘扬。为了进一步利用儒家礼乐教化思想，学院采取了多元

化的教学手段，如与中宣部合作制作专题教学片《政德的力量》，与山东电视台联合出品纪录片《新政德　新杏坛》，深度剖析政德教育的重要性；同时，编排了以孔子生平事迹为蓝本的话剧《孔子》，以及融合了地方传统曲艺、歌曲等元素的综合剧目《儒风雅韵》。特别是《儒风雅韵》，它是对儒家文化的一次精彩演绎，还在中央党校（国家行政学院）中青班、中国浦东干部学院中西部地区中青年干部培训班等多个培训平台上亮相，均收获了热烈反响，有效发挥了礼乐教学在提升干部文化素养、强化道德教化方面的积极作用。这一系列举措不仅是对儒家文化传承的创新实践，也是在社会治理中提升文化软实力的重要体现。

（三）营造环境氛围

马克思指出，人创造环境，同样，环境也创造人。人类与环境是相互依存的，人类既是环境的塑造者，也是其深刻的产物。具体而言，环境对领导干部政德建设具有显著影响：正面环境能积极推动领导干部政德水平的提升，负面环境则有可能造成阻碍。在积极的环境氛围中，领导干部无论是在职业生涯还是个人生活中，均更易于维持一种自然、积极的状态，这为其加强政德修养提供了有利条件。因此，强化环境建设是提升政德教育成效的重要路径。这一路径具体涵盖四个方面：新闻媒体营造健康的舆论环境，普通民众共同塑造积极向上的社会环境，家庭成员共同构建和谐的家庭环境，单位同事共同营造团结协作的工作环境。

1. 善用媒体之力，积极营造崇廉尚勤的社会风气

舆论导向会影响公众行为，营造正面舆论能有效促进公众自觉遵守道德准则。鉴于科技发展日新月异，环境构建需与科技深度融合，应利用网络、电视等传播廉政文化。具体而言，可将中华优秀传统文化中的廉政智慧（如警句箴言）以电子屏保、文化展板等形式，嵌入党政网络

平台，助力官员政德培育与机关文化塑造；依托微信公众号、短信服务等，定期分享意蕴深远的政德典范人物事迹等，实现精准高效的信息传递；设立政德人物专栏，借助网络视觉艺术，树立楷模，激发学习热情。长此以往，舆论环境的正向浸染将使勤政廉政理念深植于心，有利于领导干部于无形中规范言行举止。

2. 引导民众积极参与倡廉活动，培育崇德向善高尚的民风

良好的社会环境对提升领导干部的政德素养具有显著促进作用。政德根植于社会，能有效调节领导干部与民众间的关系。如山东省曲阜市通过举办百姓儒学节，系统普及中华优秀传统文化并将其融入社会治理中，旨在塑造诚信有礼、勇于担当、积极向上的社会风气。自 2014 年起，该活动吸引了 35 万余人次参与经典诵读，70 万余人次接受文明礼仪培训、观看百姓舞台惠民展演。特别是背诵《论语》30 条可免费游览“三孔”的举措，激发了游客的浓厚兴趣与参与热情。这些举措不仅提升了民众的道德认知，还营造了崇德向善的社会氛围，为领导干部加强道德修养提供了良好环境。

3. 发动家庭力量，共筑政德基石，营造和谐清正的家庭氛围

针对部分领导干部违法乱纪行为中家庭因素的潜在影响，我们鼓励家庭成员积极介入，共同培育清廉家风，强化思想防线。具体措施包括：组织家庭政德教育活动，举办政德教育讲堂、集中学习会等，邀请领导干部及其家属参与，特别是倡导配偶和子女积极参与，让中华优秀传统政德理念深入每个家庭；开展实地感悟活动，依托各地政德教育示范基地，组织领导干部家庭共同参观，通过亲身体验，加深对政德内涵的理解，营造清正廉洁的家庭氛围；观看警示教育片，组织领导干部及其家属观看，运用典型案例进行教学、阐释、说法、明纪，促使领导干部及

其家庭成员引以为戒，防患于未然；发放政德慰问信，向领导干部家属致信，倡议家庭助政德，强调廉洁自律的重要性，鼓励家庭成员共同守护清廉底线，为领导干部讲政德提供坚实后盾，共筑温馨而清白的家庭风尚。

4. 开展“崇廉尚勤，践行政德”专项行动，营造风清气正、纪律严明的政治生态环境

良好的政治生态环境是领导干部自觉提升政德修养的沃土，故优化工作环境尤为关键。为构建良好的政德修养环境，可从以下两个方面着手推进。一方面，深化政德认知，定期（每月、半月或每周等）组织主题教育活动，正式发文号召，广泛动员干部参与，共筑心灵净土，培养高尚情操，营造正向风气。活动形式力求丰富，如“政德楷模学习周”“政德箴言征集活动”等，以增强互动性与实效性。另一方面，强化监督监管，确保政德实践不打折扣。推行干部作风专项督查，严密监督政德践行情况，确保成果惠及民生，提高政府信任度。领导应率先垂范，践行政德，提升自我修养，以先进为榜样，展现为民服务、求真务实、廉洁自律的工作新气象。

（四）重视教师的选拔和培养

1. 加强教师队伍建设

教师需深谙党的各种理论及中华优秀传统文化，以确保政德教育内容的丰富性与深度。尤为关键的是，要构建一支能将中华优秀传统文化有效融入政德教育的教师队伍，这是工作之基础。领导干部的自我修养与表率作用对政德教育具有潜移默化的影响，其影响力有时可媲美专题课程。当前，虽不乏专注于党的建设或中华优秀传统文化的专职教师，但能将二者深度融合并在学术界产生广泛影响的教师却凤毛麟角。因此，

亟须发掘并培育兼具学术造诣与高尚品德的学问之师、品行之师。鉴于此，党校与干部教育学院应注重培养精通党的建设领域的师资力量，同时注重深化其对中华优秀传统文化的学习与领悟。深厚的哲学底蕴与传统文化素养有利于增强政德教育的实效。此外，激励高校及研究机构中精通中华优秀传统文化的学者参与党的建设研究，尽管受限于培养对象与体制，但这为拓展政德教育师资提供了新思路。此外，干部培训机构还应拓宽选拔渠道，在选拔教师时，不局限于现有传统文化研究领域的硕士、博士，更应关注具有党的建设实践经验、深厚中华优秀传统文化素养的在职领导干部，通过优化选拔机制，将他们引入政德教育师资队伍，以进一步丰富教育资源，提升教育质量。

2. 强化中华优秀传统文化对教师人格修养的熏陶

需鼎力支持并培育一批专注于从党的建设视角探索中华优秀传统文化的中青年学者，鼓励他们潜心研究，不畏寂寞。精通某一领域非朝夕之功，需要长年累月的积淀与钻研。同时，强化师德建设亦不容忽视。习近平总书记强调:“教师承担着最庄严、最神圣的使命。梅贻琦先生说:‘所谓大学者，非谓有大楼之谓也，有大师之谓也。’我体会，这样的大师，既是学问之师，又是品行之师。”

教师当铭记育人初心，甘为阶梯，甘为基石，以高尚人格启迪学生心灵，以深厚学养启迪学生智慧。教师具备格致诚正之修养，方能引领学生于修身、齐家、治国、平天下之道上有所精进。将党性原则与传统美德内化为行为准则，知行合一，方成党性教育之品行楷模。教师不仅应理论深厚，更应是党性原则、传统美德的躬行者，淡泊名利，乐于奉献，展现高风亮节，恪守学术道德，坚持党性原则，彰显学术风骨。教师研读马克思主义与中华优秀传统文化经典著作，不仅能增进学识，更

能在此过程中净化心灵，提升知行合一的境界。周恩来同志“活到老，学到老，改造到老”的座右铭，对教师而言，同样具有深远的指导意义。

3. 持续提升教师的马克思主义理论素养

我们需认识到，政德教育教师应以传承党的伟大事业为目标，始终坚持马克思主义。教师应当主动以马克思主义为理论武器，坚定不移地遵循其基本立场、观点、方法等，将提升马克思主义理论素养视为重要任务。教师的理论功底愈深厚，愈能深刻阐释“中国共产党为什么能，中国特色社会主义为什么好，归根到底是因为马克思主义行”这一命题，进而成为党的理论的有力诠释者、广泛传播者和忠实实践者。毛泽东同志曾讲:“我们党校的同志不应当把马克思主义的理论当成死的教条。对于马克思主义的理论，要能够精通它、应用它，精通的目的全在于应用。”[①] 因此，政德教育教师需坚持研读马克思主义经典著作，以夯实自身的理论基础；同时要学会运用马克思主义的立场、观点和方法剖析社会难题，明辨是非；更要坚定信仰，不随波逐流，确保马克思主义成为自身教学与研究的不竭动力与坚实后盾。总之，应让深厚的马克思主义理论素养成为每一位合格政德教育教师的标志性特征与理论装备。

（五）加强制度建设

制度建设是中华优秀传统文化融入政德教育的重要途径和有力保障，具体而言，主要涵盖以下两大方面。

1. 完善并落实好学习机制

各单位应依据自身工作性质与职业特色，构建系统化的中华优秀传统文化学习体系，形成分阶段、分专题的学习模式，确保各阶段学习有

---

①《毛泽东选集》（第三卷），人民出版社 1991 年版，第 815 页。

侧重，并通过定期举办专题研讨会深化理解。将中华优秀传统文化深度融入政德教育，需要形成长效学习机制，激励领导干部持续研读经典文献、掌握经典原理，营造持久学、经常学、及时学、反复学的良好氛围，实现学习常态化与制度化。

一方面，将学习融入日常，实施灵活多样的学习制度。领导干部应将中华优秀传统文化经典视为随身读物，随时学习，结合工作实际，做到学以致用。同时，利用碎片化时间，如等待间隙、通勤途中，进行高效学习。此外，确立定期集体学习制度，如单周、双周、单月、双月等，确保每次学习时间充足，并邀请专家进行专题讲解。

另一方面，强调学习效果，倡导问题导向学习法。领导干部应从中华优秀传统文化中汲取智慧，解决现实问题，创新工作方法。通过实践检验学习成果，使中华优秀传统文化成为提升工作效能、破解难题的助力。在思想认识、党性修养等领域，开展针对性学习，帮助领导干部在重大问题上坚定立场。

2. 建立科学的考核机制

考核机制需从内外两个维度考量中华优秀传统文化融入政德教育的效果。外部评价聚焦于群众视角，评估领导干部在接受政德教育后的工作与生活作风，包括求真务实的工作态度、廉洁从政的行为准则，以及密切联系群众的实践表现等。内部评价则由政德教育机构（如山东济宁政德教育干部学院）主导，全面审视教育过程，涉及教学内容满意度、师资配置合理性、课程设计科学性，以及领导干部的学习态度、知识掌握情况、实践情况等，并辅以跟踪问效机制，通过实地调研和个别走访，及时记录并综合评价领导干部在实际工作中的拒腐防变能力、分析与解决问题能力以及服务人民能力的提升情况。此外，拓宽考评渠道亦至关

重要，应将政德教育考评融入领导干部的各类考核中，如平时考核、年度考核、换届及任职考察等，通过多元方式（如民意调查、征信记录查询等）全面掌握领导干部的政德表现。同时，加强对考评结果的运用，将其与干部选拔任用紧密结合，以此激发领导干部参与政德教育的积极性与主动性。

3. 探索形成较为完备的制度体系

经过长期探索与实践，一个以《中华人民共和国公务员法》为核心，辅以《干部教育培训工作条例》《中国共产党党校（行政学院）工作条例》等基础性法规，同时融入《干部教育培训改革纲要》《全国干部教育培训规划》《公务员培训规定》等补充性文件的干部教育培训制度体系已初步形成。这一体系不仅内部各要素相互衔接、配套完善，而且展现出高度的系统性和前瞻性。尤为值得注意的是，领导干部的政德教育作为该体系中不可或缺的一环，其战略意义尤为凸显，亟须系统性规划与布局。

在此背景下，我们应将长期以来在运用中华优秀传统文化加强政德教育方面积累的宝贵经验，及时提炼并固化为长效机制与制度规范，力求在道德自律与制度他律之间找到平衡点。同时，我们应不遗余力地推进相关文件的制定与修订工作，确保每一项制度都能精准对接实际需求，有效指导实践。通过这一系列努力，逐步构建起一个既全面又精细、既具有中国特色又富有时代特征的政德教育制度体系。

我们还应以此制度体系为基础，积极拓展其应用范围与影响力，将其提升至弘扬中华优秀传统文化、深化政德教育的高度。这不仅能够赋予政德教育更加普遍性的实践价值，还能够为开辟一条符合中国国情、彰显中国智慧的政德教育新路径提供坚实保障。

（六）多渠道加强政德文化建设

1. 打造独具魅力的政德教育基地集群

我们需深化对中华优秀传统文化融入政德教育的战略性探索，精心策划并统筹推进政德教育基地的全面建设。在此过程中，既要充分发挥核心基地的引领示范作用，也要兼顾全面协调与整体推进的原则，确保各项工作相辅相成、相互促进。我们遵循整合优质资源、聚焦核心主题、彰显独特魅力、追求实际成效的总体思路，以曲阜这一儒家文化圣地为核心，积极向周边县市区辐射，深化与邹城（孟子故里）、嘉祥（曾子故里）、汶上（孔子曾任中都宰之地）等地的合作，探索中华优秀传统文化的多元融合路径。

此外，我们还致力于突破单一孔子儒家思想的局限，将视野拓宽至整个儒家文化体系，深入挖掘并传承颜回、曾子、子思等儒家先贤的政德智慧，通过巧妙的设计与布局，将这些思想精髓有机串联起来，形成一条贯穿古今、连接不同地域的文化脉络。我们将这些基地打造成一个集思想性、教育性、观赏性于一体的特色鲜明、主题突出的政德教育基地集群，不仅为政德教育提供了丰富资源和生动教材，也为展示中华优秀传统文化魅力、弘扬社会主义核心价值观提供了重要窗口。

2. 构建政德教育文化传播链

我们应积极推动政德文化建设，深入实施并不断优化政德文化“六进”工程，即将儒家政德思想的精髓无缝融入机关日常、社区风貌、校园文化、企业精神、乡村建设及家庭伦理中，实现理念与实践的深度融合，让无形之德转化为有形之举，使柔性教育变得刚性有力、抽象概念具象展现，确保每项举措都扎实有效、触手可及。

我们鼓励并支持“六进”工程的参与主体根据自身特色与实际情况，

创造性地打造一批具有鲜明标识度的政德文化示范标杆，包括但不限于设立内容丰富、形式多样的政德文化展示橱窗，建立政德主题书屋，构建“寓教于景”的政德文化长廊，打造集休闲与教育于一体的政德文化公园，以及开设传递正能量的政德文化公交专线等。同时，还应积极建设系列家风家训馆，通过弘扬良好家风，为加强政德教育提供有利环境。

通过上述举措，我们力求构建一个全方位、多层次、广覆盖的政德文化传播体系，确保政德教育的触角延伸至社会的每一个角落，既消除“灯下黑”的盲区，也避免“盲点”“空白点”“真空地带”的出现，让每一个人，无论身处何地，都能成为政德文化的受益者，共同营造一个风清气正、德治并举的良好社会环境。

3. 加快政德教育信息化与现代化建设

为了全面推进政德教育信息化与现代化建设，我们应当紧抓当前在线直播平台与网络教育平台蓬勃发展的契机，深度挖掘并充分利用这些平台所具备的线上开放性、高效运作机制、广泛传播范围、迅速传播速度以及高度资源共享等优势特性，主动融入。具体而言，需加大财政投入力度，确保人力、物力充足，为推进政德教育信息化提供坚实的物质基础。在此基础上，精心打造集展示、学习与互动功能于一体的网上政德教育展厅，巧妙运用微信公众号、手机 APP 等多种新媒体工具作为传播媒介与平台，实现政德教育内容的广泛覆盖与深度影响。此举旨在有效弥补传统实体政德教育模式在覆盖范围、受众广度及灵活性等方面的不足，打破时空限制，为领导干部提供一个便捷、自由、个性化的学习空间，从而获得“随需随学”“点餐式”定制化的学习体验。同时，丰富的多媒体表现形式使政德教育内容更加生动鲜活、直观易懂，让参与者能够深刻感受到中华优秀传统文化的博大精深。

我们还应以此为契机，积极探索政德教育现代化的新路径，不断创新教育手段与方法，增强政德价值观的传播力、感染力和影响力，进一步提升政德教育的时代性、针对性和实效性，为培养具有高尚政德品质的领导干部队伍贡献力量。

中华民族伟大复兴的宏伟蓝图正通过一代代中国人民的不懈奋斗逐步变为现实。在此过程中，领导干部作为重要力量，其政德水平的高低将直接影响这一目标实现的快慢。因此，加强领导干部的政德教育显得尤为重要。

研究如何将中华优秀传统文化融入政德教育，不仅能够有效提升当代领导干部的道德修养，还能促进中华优秀传统文化的传承与弘扬，进一步增强文化自信，意义重大且深远。中华优秀传统文化历经数千年的积淀，其深厚的内涵与广泛的影响力早已深深植根于中国人的思维与行为之中，对中国社会的历史进程产生了深远影响。我们应当深入挖掘并吸收那些符合当代社会发展需要的内容，实现古为今用、创新发展，为领导干部政德建设开辟新路径。

第七章
中华优秀传统文化融入政德教育的未来发展方向

干部教育培训是建设高素质干部队伍的先导性、基础性、战略性工程，在推进中国特色社会主义伟大事业和党的建设新的伟大工程中具有不可替代的重要地位和作用。作为干部教育培训的一环，创新运用中华优秀传统文化开展政德教育，应积极探索提升干部政德修养的新方法。为造就一支政治过硬、适应新时代要求、具备领导社会主义现代化建设能力的高素质干部队伍，政德教育应思考未来发展方向，积极服务于全国干部教育培训工作大局。

政德教育的发展，要深入贯彻落实习近平文化思想和习近平总书记关于党的建设的重要思想，牢牢坚持守正创新、明体达用，持续深化内涵建设、优化教学体系、强化人才支撑，在贯彻落实“两个结合”、文化“两创”中推动政德教育走深走实、打响品牌。政德教育要牢牢坚持用中华优秀传统文化涵养领导干部为政之德的特色定位，聚焦“明大德”以讲明对党忠诚的政治标准，聚焦“守公德”以讲清为民担当的时代要求，聚焦“严私德”以讲透律己干净的从政底线，努力实现传统与现代的有机衔接，以以文化人的政德教育全力服务于忠诚、干净、担当的新时代高素质专业化干部队伍建设。

一、在推动中华优秀传统文化创造性转化上走在前

2014年，习近平总书记在十八届中共中央政治局第十三次集体学习时的讲话中提到，创造性转化，就是要按照时代特点和要求，对那些至今仍有借鉴价值的内涵和陈旧的表现形式加以改造，赋予其新的时代内涵和现代表达形式，激活其生命力。

那么，如何实现中华优秀传统文化的创造性转化呢？习近平总书记在党的十九大报告中强调："深入挖掘中华优秀传统文化蕴含的思想观念、人文精神、道德规范，结合时代要求继承创新，让中华文化展现出永久魅力和时代风采。"2017年，习近平总书记在十八届中央纪律检查委员会第七次全体会议上指出："要善于运用中华优秀传统文化中凝结的哲学思想、人文精神、道德理念来明是非、辨善恶、知廉耻，自觉做为政以德、正心修身的模范。"这些都为政德教育在推动中华优秀传统文化创造性转化上走在前指明了方向，提供了遵循。

政德教育在利用中华传统文化资源时，要坚持去粗取精、提炼转化，着力将中华优秀传统文化蕴含的思想观念、人文精神、道德规范，创造性转化为干部队伍强党性、守初心、立政德的重要资源；同时要认真贯彻落实习近平总书记关于"立政德，就要明大德、守公德、严私德"的重要讲话精神，重点围绕理想信念、党的宗旨、党风廉政教育三大主题，着力把中华优秀传统文化资源转化为政德教育的重要内容，系统设置理想信念、对党忠诚、为民情怀、实干担当、家教家风、清正廉洁六大教学板块。

（一）挖掘阐发儒家“弘道明志”的思想观念，转化为干部的理想信念

2021年9月，习近平总书记在中央党校（国家行政学院）中青年干部培训班开班式上的讲话中指出：“理想信念是中国共产党人的精神支柱和政治灵魂，也是保持党的团结统一的思想基础。”理想信念是共产党人的精神之“钙”，精神上缺“钙”就会得“软骨病”，就会在风雨面前东摇西摆。

习近平总书记多次引用传统文化经典论述理想信念问题。2016年7月1日，习近平总书记在庆祝中国共产党成立95周年大会上指出：“‘志不立，天下无可成之事。’理想信念动摇是最危险的动摇，理想信念滑坡是最危险的滑坡。一个政党的衰落，往往从理想信念的丧失或缺失开始。”2019年4月30日，习近平总书记在纪念五四运动100周年大会上的讲话中又强调：“青年志存高远，就能激发奋进潜力，青春岁月就不会像无舵之舟漂泊不定。正所谓‘立志而圣则圣矣，立志而贤则贤矣’。”中华优秀传统文化中蕴含着丰富的可借鉴的智慧，在今天依然具有现实意义，我们要善于汲取中华优秀传统文化中的智慧，将其转化为领导干部坚定理想信念的文化资源。

从中华优秀传统文化中汲取理想信念资源，要着眼于把“天下为公”“天下大同”“士志于道”“明道济世”等思想转化为干部的理想信念；完善优化课程，进一步开发“依靠文化自信坚定理想信念”“用中华优秀传统文化滋养信仰信念”等专题课程；优化孔庙弘道门“弘道明志”、武氏祠“中华民族文化自信”等教学点，将中华优秀传统文化蕴含的功崇惟志、志道忠诚、天下为公、大同理想等思想观念，转化为教育引导干部队伍坚定理想信念、提高思想觉悟、增强党性修养的丰厚资源。

（二）挖掘阐发儒家“忠信笃敬”的思想观念，转化为干部的忠诚品质

对党忠诚是共产党人首要的政治品质。对党忠诚是共产党人的根本，是党保持凝聚力、战斗力的基石。每位共产党员在加入党组织时都无一例外地把“对党忠诚”作为誓言。

习近平总书记强调:“我们党一路走来，经历了无数艰险和磨难，但任何困难都没有压垮我们，任何敌人都没能打倒我们，靠的就是千千万万党员的忠诚。”2014 年 5 月，习近平总书记在同中央办公厅各单位班子成员和干部职工代表座谈时的讲话中，曾引用诸葛亮《兵要》中的“人之忠也，犹鱼之有渊”来说明党员干部对党忠诚的极端重要性。其实，这句话的后边还有一句是“鱼失水则死，人失忠则凶”。这两句话的完整意思是：人有忠诚的品德，就好比鱼有了水。鱼离开水就会死掉，人失去忠诚的品德就很危险。

要着眼于把中华传统文化中的“天下至德，莫大乎忠”“善莫大于作忠”等思想转化为干部的对党忠诚理念，开发“传统忠诚文化的现代价值”等专题课程；优化提升孟庙官箴碑“古代为官之道”教学点，进一步开发微山铁道游击队纪念园“信仰的力量”教学点，赋予中华优秀传统文化新的时代内涵，让广大领导干部用中华优秀传统文化来涵养忠诚政治品格，筑牢信仰之基、补足精神之钙，以坚定的理想信念砥砺对党的赤诚之心，永葆对党绝对忠诚的政治本色。

（三）挖掘阐发儒家“仁政民本”的思想观念，转化为干部的为民情怀

人民至上的为民情怀蕴含着以人民为中心的发展理念，“以人民为中

心”在党的十九大报告中被多次提到，是习近平新时代中国特色社会主义思想的重要内容。

在党的十八届五中全会上，习近平总书记明确提出坚持以人民为中心的发展思想。习近平总书记强调人民对美好生活的向往就是我们的奋斗目标，要坚定不移走共同富裕的道路。“江山就是人民，人民就是江山。中国共产党领导人民打江山、守江山，守的是人民的心。”习近平总书记在十九届中共中央政治局第六次集体学习时指出：“‘国以民为本，社稷亦为民而立。’加强党的政治建设，要紧扣民心这个最大的政治，把赢得民心民意、汇集民智民力作为重要着力点。”中华优秀传统文化源远流长、博大精深，作为其重要内容之一的民本思想历经数千年的发展和完善，已经深深融入中华民族血脉之中，成为人民至上理念的源头活水。

要着眼于把“民惟邦本，本固邦宁”“仁者爱人”等思想转化为干部以民为本的理念，开发“中华优秀传统文化中的民本思想”“中华优秀传统文化融入基层社会治理”等专题课程，优化孟庙亚圣殿“儒家仁政思想”等教学点，以中华优秀传统文化涵养领导干部的为民情怀。

（四）挖掘阐发儒家“勤勉奉公”的思想观念，转化为干部的担当精神

实干担当是共产党人的政治本色，是党员干部的应有品格，是人民公仆的鲜明标识。党的二十大报告明确提出：“一些党员、干部缺乏担当精神，斗争本领不强，实干精神不足，形式主义、官僚主义现象仍较突出。”全面贯彻落实党的二十大精神，让宏伟蓝图一步步成为现实，必须克服不良作风影响，大兴实干之风。

党的十八大以来，习近平总书记多次强调“空谈误国，实干兴邦”，号召全党求真务实、苦干实干、久久为功，要求各级干部做到谋事要实、创业要实、做人要实，在实干中形成共识，在实干中解决问题，在实干中实现愿景。在2023年春节团拜会上，习近平总书记指出，新征程是充满光荣和梦想的远征，没有捷径，唯有实干。他引用古语“为者常成，行者常至”，发出新春号召：历史不会辜负实干者。我们靠实干创造了辉煌的过去，还要靠实干开创更加美好的未来。

要着眼于把经世致用、知行合一、躬身实践等思想转化为干部担当作为的政治品格，完善提升“传统文化与奋斗精神”“汲取优秀传统文化精髓，树立和践行正确政绩观”等专题课，进一步开发“中华优秀传统文化中实事求是、知行合一理念的时代价值”等专题课，优化尼山孔庙观川亭“惜时奋斗精神”等教学点，以中华优秀传统文化涵养党员干部的实干担当精神。

（五）挖掘阐发儒家“诗礼传家”的思想观念，转化为干部的家教家风

家风是一个家庭在世代传承中形成的一种道德操守、处世原则、为人之道、精神风貌和行为风尚。简言之，家风是一个家庭或家族一代又一代传承下来的良好品德和风气。家教是长辈对后辈进行的言传身教，是家庭内的礼节礼法。

习近平总书记强调，“家庭是社会的基本细胞，是人生的第一所学校。不论时代发生多大变化，不论生活格局发生多大变化，我们都要重视家庭建设，注重家庭、注重家教、注重家风”。对于领导干部而言，要注重家庭家教家风，就要从严管好亲属子女。领导干部作为推动党和国家事业发展的重要力量，其家风不仅关乎个人修养和家庭幸福，更关乎党风政风。领导干部要把家风建设摆在重要位置，廉洁修身、廉洁齐家，树

立新时代领导干部好家风。

中华民族传统家庭美德是家庭文明建设的宝贵精神财富。汲取中华传统家训家规精华，涵养新时代领导干部好家风，就要着眼于把“国之本在家”“治国必先齐家”等思想转化为干部的家教家风，完善提升“孔氏家风与新时代党员干部家庭建设”等专题课，进一步开发打造“中华优秀传统文化中的家国情怀”等专题课，优化孔府重光门“儒家家风家教”、曾庙莱芜侯祠“曾子齐家思想”等教学点。

（六）挖掘阐发儒家“廉为政本”的思想观念，转化为干部的清廉本色

清正廉洁是中国共产党的政治本色，也是中国共产党人的政治品格。中国共产党自诞生之日起，就把清正廉洁作为必备的政治品格。新修订的《中国共产党纪律处分条例》第八章关于廉洁纪律的规定共有 28 条，明确了违反廉洁纪律的具体处分规定。

习近平总书记在主持十八届中共中央政治局第五次集体学习时强调：反腐倡廉必须常抓不懈，拒腐防变必须警钟长鸣。要牢记“蠹众而木折，隙大而墙坏”的道理，保持惩治腐败的高压态势，做到有案必查、有腐必惩，坚持“老虎”“苍蝇”一起打，切实维护人民合法权益，努力做到干部清正、政府清廉、政治清明。中华传统美德具有生生不息、历久弥新的品质，是永不枯竭的道德教育资源。廉政建设既要有制度上的保证，也要有文化上的保证，讲廉政必须讲廉政文化。中华优秀传统文化中有关“敬畏”“知耻”的论述是廉政文化的重要内涵。

在新时代的今天，要着眼于把“政者，正也”“公生明，廉生威”等思想转化为干部的清正廉洁观念，完善提升“违纪违法干部忏悔录的警示”“儒家廉政思想及其当代价值”等专题课，进一步开发“传统文化中的规矩之道”“传统文化中的义利观”等专题课，优化孔府内宅戒贪图“儒家廉政思想”、孟府大堂“儒家规矩之道”等教学点。

二、在推动中华优秀传统文化创新性发展上走在前

创新性发展，就是要按照时代的新进步新进展，对中华优秀传统文化的内涵加以补充、拓展、完善，增强其影响力和感召力。党的二十大报告指出：“中华优秀传统文化源远流长、博大精深，是中华文明的智慧结晶，其中蕴含的天下为公、民为邦本、为政以德、革故鼎新、任人唯贤、天人合一、自强不息、厚德载物、讲信修睦、亲仁善邻等，是中国人民在长期生产生活中积累的宇宙观、天下观、社会观、道德观的重要体现，同科学社会主义价值观主张具有高度契合性。”习近平总书记也指出：“中华文化崇尚和谐，中国‘和’文化源远流长，蕴涵着天人合一的宇宙观、协和万邦的国际观、和而不同的社会观、人心和善的道德观。”

仁、义、礼、智、信是儒家思想的重要观念，相互联系、相互依存，共同构成了一个完整的伦理道德体系。政德教育应坚持古为今用、推陈出新，推动儒家思想中的仁、义、礼、智、信等观念创新发展，引导干部树牢仁者爱人、公平正义、谦恭有礼、慎思明智、诚实守信等思想理念。

（一）推动“仁”的观念创新发展，引导干部树牢仁者爱人、以人为本的理念

儒家关于“仁”的思想是儒家伦理思想的核心，其内涵丰富且影响深远，对中华文化和社会发展产生了重大影响。“仁者爱人”是“仁”最基本、最核心的含义。孔子认为，“仁”首先体现在对他人的关怀和爱护

上，这种爱并不局限于家族内部，要普遍地施于一切人。孟子进一步发展了这一思想，明确提出“仁者爱人”，并将其与“为政以德”的思想结合起来，发展为“仁政”理论。儒家“仁”的思想是一个涵盖广泛且内容深刻的理论体系，强调对他人的关怀和爱护，提倡通过自我修养和道德实践来实现个人提升和社会和谐。在当今社会，我们应该充分利用儒家“仁”的思想，为实现人类社会的和谐发展贡献力量。

推动“仁”的观念创新发展，要继承仁者爱人、以人为本的重要理念，打造“儒家仁政学说的责任与担当”专题课程，优化周公庙“周公修身智慧”等教学点，引导领导干部以身作则，展现出高尚的道德风范，为人民群众树立榜样。

（二）推动“义”的观念创新发展，引导干部树牢公平正义、公道正派的理念

“义”被视为人类社会的道德准则和行为规范。它要求人们在处理人际关系和社会事务时，坚持公正、合理、正义的原则。

自古以来，“义”就是中国传统文化的重要组成部分。从先秦时期的儒家思想到后来的各家学说，普遍对“义”进行了深入探讨和阐述。在《三国演义》等古典文学作品中，“义”更是被赋予了极高的价值和地位，成为人们评价人物和事件的重要标准。在现代社会中，“义”仍然具有重要的现实意义和价值，它不仅是个人品德修养的重要组成部分，也是社会道德风尚和法治建设的重要基石。

推动“义”的观念创新发展，引导干部树牢公平正义、公道正派的理念，对构建和谐社会、实现社会公正具有重要意义。这就需要打造“儒家崇正义理念对干部修养的启示”专题课、尼山孔子大学堂“儒家义利观”等教学点，将公平正义、公道正派的理念作为必修内容，提高干部的崇正义意识。

（三）推动“礼”的观念创新发展，引导干部树牢谦恭有礼、处事有规的理念

中华优秀传统文化中蕴含着丰富的“礼”文化，如儒家所倡导的“克己复礼”“以礼待人”等观念。我们应深入挖掘这些传统文化精髓，理解其时代价值和现实意义，结合当代社会实际，赋予其新的时代内涵。例如，将“礼”与社会主义核心价值观相结合，强调在公共场合遵守秩序、尊重他人、诚实守信等现代礼仪规范。

推动“礼”的观念创新发展，就需要打造“中华优秀传统文化中的廉洁齐家思想”“儒家君子之道”专题课，打造孔庙“儒家君子之道”教学点等，让干部深刻认识“礼”在个人修养、社会交往、国家治理等方面的重要作用。

（四）推动“智”的观念创新发展，引导干部树牢慎思明智、追求真理的理念

中华优秀传统文化中的“智”是一个深邃而丰富的概念，它不仅仅指普通意义上的聪明才智，更蕴含着道德上的智慧，是决策力、思考力、实践力、行动力的统一。它要求人们在处理问题时能明辨是非、善恶，以公正合理的方式行事。孟子认为，人要不断充实自己的道德智慧，达到知性、知天的智慧境界。这种智慧不仅关乎个人修养，更关乎社会和谐与稳定。在当代社会，“智”依然是个人成长不可或缺的重要品质。它要求我们在面对挑战和困难时能冷静、理性地分析问题并找到解决方案。

推动“智”的观念创新发展，就要打造“传统明辨是非智慧与提高政治能力”专题课，开发“习近平总书记视察孔子研究院讲话精神解

读”、汶上大运河南旺枢纽国家考古遗址公园“古代工程中的创新精神与管理科学”等教学点，通过加强党性教育、廉洁自律教育等来提升干部的道德素质和决策能力，同时鼓励他们勇于担当、敢于创新，在推动经济社会发展的过程中不断贡献自己的智慧和力量。

（五）推动“信”的观念创新发展，引导干部树牢诚实守信、真诚可靠的理念

中华优秀传统文化中的“信”是一个极为重要且丰富的概念，它涵盖了诚信、信任、信仰等多重意义。在儒家思想中，“信”被视为做人的基本准则和社会和谐稳定的重要基石。孔子将“信”作为体现“仁”的五种德行之一，强调诚信是为人之本，是人与人之间相互信任的基础。

在现代社会治理中，“信”仍然是不可或缺的重要元素。政府需要树立诚信形象，取信于民；企业需要遵守诚信原则，赢得市场；个人需要保持诚信品质，赢得尊重。“信”在个人修养、社会交往、经济发展等方面发挥着重要作用，至今仍然具有不可替代的价值和意义。

推动“信”的观念创新发展，就要打造“儒家忠信理念的时代价值”专题课、尼山孔子大学堂“儒家诚信观”教学点等，引导干部树牢诚实守信、真诚可靠的理念，为构建社会诚信体系、提升政府公信力做出积极贡献。

三、在贯彻落实“两个结合”上走在前

党的十八大以来，我们党坚持以马克思主义为指导，对中华五千多年文明进行全面挖掘，用马克思主义激活中华优秀传统文化中富有生命力的因子并赋予新的时代内涵；将中华民族的伟大精神和丰富智慧更

深层次地注入马克思主义，有效地把马克思主义同中华优秀传统文化结合起来，聚变为新的理论优势，形成了习近平强军思想、习近平经济思想、习近平生态文明思想、习近平外交思想、习近平法治思想、习近平文化思想等。政德教育要坚持把这些重要思想作为重要教学内容，聚焦讲准、讲全、讲深、讲透、讲活，着力推进党的创新理论学习走深走实、入脑入心。

（一）激活贯通中华优秀传统文化“忠义制胜”的思想精华，深入贯彻落实习近平强军思想

忠义是一个历史悠久且富含深意的概念，在不同的文化和历史背景下有着不同的解释和应用。在中国传统文化中，忠义被视为一种高尚的道德品质，主要是指对国家、民族、家庭及朋友的忠诚与信义。在军事领域，“忠义制胜”同样具有重要意义，它体现了军队对国家和人民的忠诚，以及战士们在战场上坚守正义、英勇战斗的精神。这种精神在当今社会依然具有重要的现实意义，有利于凝聚军心、提高战斗力。

深入贯彻落实习近平强军思想，需要继承“忠义”思想，让中华优秀传统文化经过创造性转化、创新性发展焕发当代价值。同时，我们要坚持自信自立，发扬中华民族自强不息的进取精神，守护传承国土不可分、国家不可乱、民族不可散、文明不可断的共同信念。

围绕“忠义制胜”的思想精华，打造“国际形势与安全”“深刻把握习近平强军思想的文化底蕴”等一系列专题课程，进一步优化金乡王杰纪念馆“‘王杰精神’的时代光芒”教学点。激活贯通中华优秀传统文化“忠义制胜”的思想精华，通过政德教育培养战斗精神和团结协作能力，不断提升凝聚力和战斗力，为实现“两个一百年”的奋斗

目标贡献力量。

（二）激活贯通中华优秀传统文化“富民厚生”的思想精华，深入贯彻落实习近平经济思想

“富民”一词最早可以追溯到《管子》一书。该书明确提出了“凡治国之道，必先富民”的观点，强调了富民在治国理政中的重要地位。《尚书·大禹谟》中提到正德、利用、厚生，即君主之德在于善于治理政事，而治理政事的目的在于养育人民，使人民生活充裕。“富民厚生”是中国传统文化中的重要理念，关注的是人民的福祉和生活质量。这一思想与习近平经济思想中以人民为中心的发展理念相呼应。习近平经济思想强调，发展的目的是更好地满足人民日益增长的美好生活需要，让人民群众共享改革发展的成果。

要围绕“富民厚生”的思想精华，打造“中华优秀传统文化中经济伦理理念的时代价值”“积极培育中国特色金融文化”等一系列专题课程及孔庙大成殿“儒家仁爱思想”等教学点，引导党员、干部深刻认识习近平经济思想。

（三）激活贯通中华优秀传统文化“天人合一”的思想精华，深入贯彻落实习近平生态文明思想

生态文明是以人与自然和谐共生、良性循环、全面发展、持续繁荣为基本宗旨的社会形态。习近平同志在地方工作时就高度重视生态文明建设，积极探索“绿水青山”与“金山银山”的关系。党的十八大以来，习近平总书记从战略高度更加重视生态文明建设。生态文明建设是关系党的使命宗旨的重大政治问题，是关系民生福祉的重大社会问题。生态环境好，离不开广大干部群众长时间的接续奋斗。广大干部要树立正确政绩观、发展观，积极参与绿色宣传活动，发挥示范影响作用，奏响绿色发展“主旋律”，坚持生态文明“主基调”。在中华传统文化中，如何认识人与自然的关系是一个基本问题，这也是人类社会最基本的关系。

要围绕阐发天人合一、万物并育的生态理念，完善提升“‘天人合一’的生态理念与新时代生态文明建设”等专题课，进一步开发打造“深刻领会习近平生态文明思想的世界观和方法论”等专题课，优化鱼台“稻改精神”教学点，打造微山湖国家湿地公园“生态文明”等教学点，进一步引导干部学习理解、贯彻落实习近平生态文明思想。

（四）激活贯通中华优秀传统文化“亲仁善邻”的思想精华，深入贯彻落实习近平外交思想

“亲仁善邻”是中国传统文化提倡的与人为善、和睦相处的道德准则，体现了中华民族注重和谐、倡导和平的传统美德。在习近平外交思想中，这一理念得到了充分体现和发扬。例如，在推动构建人类命运共同体的过程中，中国始终坚持和平、发展、合作、共赢的理念，积极促进各国之间的友好交往与合作，体现了“亲仁善邻”的精神。激活贯通中华优秀传统文化“亲仁善邻”的思想精华，深入贯彻落实习近平外交思想，是推动中国特色大国外交不断发展的重要保障。在新时代的外交实践中，我们应该继续弘扬“亲仁善邻”的优良传统，加强与各国的友好交流与合作，共同构建人类命运共同体，促进世界的和平与发展。

要围绕“亲仁善邻”的思想精华，打造“儒家和谐思想的时代价值”“中华优秀传统文化视域下人类命运共同体外交理念”等系列专题课，优化孔庙太和元气坊“儒家和谐思想”教学点，提升领导干部在动荡变革世界和风云变幻时代中的应变能力。

（五）激活贯通中华优秀传统文化“隆礼重法”的思想精华，深入贯彻落实习近平法治思想

“隆礼重法”是中国传统文化中的重要观念，它既强调道德礼仪的重要地位，同时并未忽视法律的约束作用。这一思想与中国当前的法治建设理念有着诸多相通之处，都强调法律和道德的双重作用及二者之间的平衡与协调。习近平法治思想是全面依法治国的根本遵循和行动指南。这与“隆礼重法”的传统思想相呼应，都体现了对法治的尊重和推崇。在深入贯彻落实习近平法治思想的过程中，我们可以从“隆礼重法”的思想精华中汲取智慧，进一步强化法治观念，提升公民的法治素养。同时，通过继承和发扬中华优秀传统文化，我们可以更好地理解和践行习近平法治思想，推动全面依法治国向纵深发展。

要围绕“隆礼重法”的思想精华，打造“传承和弘扬中华优秀传统法律文化”“创新社会治理，提升基层社会治理水平”等系列专题课，打造泗水“全国民主法治示范村”教学点及邹城、泗水等“中华优秀传统文化融入社会治理”等教学点，不断加强法治建设，提高全民法治素养。

（六）激活贯通中华优秀传统文化“明体达用”的思想精华，深入贯彻落实习近平文化思想

“明体达用”体现了对中华优秀传统文化理念的深刻理解与运用。“明体”指的是明确文化的本质和内涵，认识到文化是一个民族的精神和灵魂，是引领社会风尚、规范人们行为的重要力量；“达用”则强调将文化理念落实到具体实践中，以文化促进社会的和谐与进步，推动人的全面发展。习近平文化思想强调文化自信的重要性，提出要坚持中国特色社会主义文化发展道路，推动中华优秀传统文化的创造性转化和创新性

发展，不断铸就中华文化新辉煌。

要围绕“明体达用”的思想精华，打造“习近平文化思想的哲学境界”“习近平文化思想的‘明体达用、体用贯通’”系列专题课，优化孔子研究院“习近平总书记视察孔子研究院讲话精神解读”教学点，以引导干部深入贯彻落实习近平文化思想，为新时代文化建设贡献力量。

后 记

中华优秀传统文化历史悠久、底蕴深厚，堪称中华文明的瑰宝，蕴含着丰富的思想道德修养与治国智慧，诸如忠诚担当、廉洁自律、勤勉政务、孝悌之道、勤俭节约、天下为公、诚实守信等，对新时代党员领导干部的政德修养具有重要价值。将中华优秀传统文化融入政德教育，不仅是持续深化党的建设新的伟大工程的必然要求，也是新时代背景下干部教育培训不可或缺的重要内容。

山东济宁政德教育干部学院多年来始终秉持将中华优秀传统文化与干部教育培训深度融合的鲜明办学特色，以培养提升干部的为政之德为己任，助力打造道德高尚、能力出众的干部队伍。截至2024年底，学院已培训来自全国各地的十余万名学员。为进一步提升政德教育的培训实效，本书致力于深入探索中华优秀传统文化与政德教育融合的重大理论与实践问题，以为广大领导干部深入理解、把握这一融合模式背后的运行规律提供参考。

作为“干部政德教育丛书”之一，本书紧紧围绕党的二十大精神，紧密结合领导干部群体的实际需求与特点，精心筛选并深度剖析中华优秀传统文化中对政德教育具有重要价值的理论与实践资源，力求使之更好地服务于新时代干部培训实践，助力领导干部从中汲取精神养分、增长治理智慧。全书共设七章，由多位成员分工协作完成：胡亚军执笔绪论与后记，黄云担纲第一章，梁桂雪贡献第二章，汪亚洲负责第三章，封斌与梁桂雪合撰第四章，种淑娴与孔繁鹏共著第五章，郝金金执笔第六章，胡宾与张玉宝撰写第七章。

在本书的编写过程中，我们得到了众多领导与专家的鼎力支持与宝贵建议。在此，我们向所有提供过帮助与指导的同仁表示最诚挚的感谢与敬意。同时，我们清醒地认识到，由于编者能力所限，虽然本书经过多次修订与完善，但仍难免存在疏漏与不足之处。因此，我们诚请广大专家与读者不吝赐教，对本书提出宝贵的批评与建议，以便我们不断改进与提升。

编　者

二〇二四年十一月